처음부터
잘하면
교장이게?

글 마에카와 도모미   만화 스야스야코
옮김 안소현   감수 김건구

들어가는 말

"좋은 선생님이 되고 싶다."
"좀 더 성장하고 싶다."
학생들을 위하는 마음이 강하면 강할수록 제자리걸음만 걷게 된다.
열심히 하고 싶다는 마음은 있는데 좀처럼 앞으로 나아가지 못한다.
누군가에게 상담받고 싶지만 그래도 되는 건지 도저히 알 수가 없다.
일의 우선순위를 정하지 못하고, 모든 일을 같은 에너지로 처리하려고 한다. 그래서 마음이 지치고 약해진다.

이 책에는 이런 서투른 '새내기 교사'가 등장합니다. 매우 섬세하고, 상처받기 쉽고, 혼자 고민만 하다 보니 제자리걸음만 걷게 되는 성격입니다. 아무리 노력해도 잘하지 못하는 자신이 짜증나고, 한심하고, 슬퍼서, 화장실에서 몰래 울음을 터트리고 맙니다.
독자 여러분의 눈에는 '너무나 나약한 새내기 교사'로 보일지도 모릅니다. 새내기 교사의 단면을 보고 어쩌면 '너무 부정적인 게 아닌가?'라고 느끼는 사람도 있을 것입니다.

'맞아 맞아, 그런 새내기 교사라면 우리 학교에도 있지'라고 생각하는 사람도 있을지 모릅니다. 어쩌면 '그렇게 괴롭다면 직업을 바꾸면 되지 않나?'라고 생각할지도 모르겠습니다.

확실히 새내기 교사의 마음속에는 불만이나 한탄, 푸념이 가득합니다. 그러나 그 책임을 남에게 떠넘기려는 의도는 없습니다. 주위 사람에게 마구 화풀이하려는 것도 아닙니다.

일부러 부정적으로 생각하고 싶어 하는 새내기 교사는 없습니다. 자신이 원해서 화장실에서 우는 사람도 없습니다. 그 배경에는 분명한 원인이 있습니다. '동료 교사들에게 피해를 끼친 것은 아닐까?'라는 불안감과 새내기 교사로서의 걱정, 그리고 동료들에 대한 배려심이 담겨 있습니다. 어떻게든 잘하고 싶은데 뜻대로 되지 않아 새내기 교사는 힘든 상황을 겪는 경우가 있습니다.

이 책을 집어든 분 중에는 실제로 예전에 화장실이나 탈의실에서 몰래 눈물을 흘린 적이 있는 사람이 있을지도 모릅니다. 꼭 직장 화장실이 아니더라도 집에 돌아가서 눈물을 흘리거나 SNS에서 불평을 쏟아낸 경험이 있는 사람도 있을 것입니다.

각자 여러 가지 어려운 점이 있고, 열심히 하고 싶어도 힘을 내지 못하는 등 사람마다 다양한 고민이 있을 것입니다. 그런 교사라면 누구나 한 번쯤 겪어봤을 '괴로움의 결정체'를 모아 놓은 것이 이 책에 나오는 '새내기 교사'의 모습입니다.

현재 일본의 학교 현장에서는 만성적인 교사 부족 사태가 벌어지고 있습니다. '교사를 지망하는 사람이 줄어들고 있다'라는 것과 '휴직이나 퇴직을 하는 교사가 늘어나고 있다'라는 것. 이 두 가지 문제 때문에 매우 심각한 상황입니다.

　학교 현장에서 교사가 갑자기 떠나면 남은 교사들의 부담이 커지고, 결국 학생들에게도 부정적인 영향을 미치게 됩니다. 특히 새내기 교사들이 계속 그만두면 학교 전체가 활력을 잃게 될 것입니다. 이런 상황을 막기 위해 학교에서는 다양한 대응책을 마련해야 합니다.
　이런 문제를 해결할 열쇠를 쥔 사람은 이 책에 나오는 '선배 교사'입니다. 바로 어느 정도 연차가 쌓인 중견 교사입니다. 교직 햇수가 적은 교사가 많이 있는 학교라면 20대 교사라고 해도 '선배 교사'로서 후배 교사의 육성을 담당하고 있을 것입니다. 그런 중견 교사 역시 날마다 고민을 하면서 새내기 교사와 함께 힘을 합쳐서 성장하려고 필사적으로 노력하고 있습니다.

　저는 지금까지 12년 동안 공립학교 현장에서 교사로 일하고 있습니다.
　이 책에는 제가 그동안 만났던 새내기 교사와 함께 보낸 일상, 현장에서 보고 들었던 것, 많은 도움을 주셨던 선배 교사들의 모습을 바탕으로 '이런 중견 교사가 있다면 모두가 행복해질 텐데'라는 생각으로 그 곁에서 훌륭한 교사로 성장해가는 새내기 교사의 이야기를 담았습니다.

단 한 사람이라도 좋습니다.
이 책을 통해 혼자 고민하고 있던 새내기 교사가 도움을 받아서 학교라는 공간이 '그 누구도 소외되지 않는' 따뜻한 곳이 된다면 얼마나 멋질까요?
그런 마음으로 이 책 **'처음부터 잘하면 교장이게?'**를 정성껏 썼습니다.

이번에 새내기 교사의 고민을 만화로 표현해주신 분은 SNS에서 큰 인기를 누리고 있는 만화가 '스야스야코' 님입니다. 페이지를 넘길 때마다 새내기 교사가 성장해가는 모습을 스야스야코 님의 유머가 넘치는 만화와 함께 즐기시길 바랍니다.

그럼 이제 페이지를 넘겨서 새내기 교사의 이야기를 들여다보세요.

2023년 8월 마에카와 도모미

목차

들어가는 말 ·········· 7
프롤로그 ·········· 14

PART 1 의욕이 가득한데도 벽에 부딪히는 1년 차 '새내기 교사' ·········· 17

두근두근 학급 담임 초임인데 담임이라니! ·········· 18
예상보다 훨씬 많은 업무량 해도 해도 끝이 없다 ·········· 24
사실은 좀 더 학생들과 가까이 지내고 싶은데… ·········· 32
오늘도 수업을 제대로 하지 못했어… ·········· 38
상담해도 될까? 모르는 것이 무엇인지 모르겠다 ·········· 46
새내기 교사 연구회에 가는 것이 괴롭다 ·········· 52

학생한테 상처가 되는 말을 들었다 ······ 58
생활 지도, 어떻게 하면 좋을까? ······ 64
학부모가 나한테 편지를 보내왔다! ······ 70
어떻게 하면 교무실 분위기에 익숙해질 수 있을까? ······ 76
선배 교사에게 부탁받은 일은 거절 못하겠어 ······ 82
빨리 집에 가는 것도, 쉬는 것도 공포 ······ 88

PART 2 조금 익숙해져서 오히려 고민하는 2~3년 차 '새내기 교사' ······ 95

'2년 차니까'라는 속박 ······ 96
드디어 후배가 생기고 말았다… ······ 104
작년에 비해 성장하지 못한 '제자리걸음'의 공포… ······ 110
아무래도 동료 교사의 평가가 신경 쓰인다 ······ 118
정보 통신 기술 활용은 어떻게 하면 좋을까? ······ 124
나름대로 수업도 잘하지만 지금 이대로 괜찮을까… ······ 130
2년 차 연구 수업, 무엇을 하면 좋을까? ······ 136
이런? 혹시 이건 우리 학급이 붕괴하고 있는 건가? ······ 142
업무 협력이 제대로 안 된다 ······ 150
미래에 대한 희망이 없다! ······ 158

PART 3 자립하기 시작하니 남의 떡이 커 보이는 4~5년 차 '새내기 교사' ··· 169

선배 교사나 동료 교사에게 짜증이 나기 시작했다… ········· 170
옆 교실에서 들려오는 즐거운 듯한 목소리가 신경 쓰인다 ········· 176
마침내 모든 교사를 이끄는 '업무 부장'을 맡았다! ········· 182
일을 누군가와 나누는 건 어떻게 하면 좋을까? ········· 188
어느 정도 할 수 있지만 이래도 괜찮을까 불안하다… ········· 194
관리직 교사에게 인정을 받지 못하는 기분이 든다 ········· 200
후배 교사가 좀 더 일을 잘한다 ········· 208
학생들이 나를 어떻게 생각하는지 지금도 불안하다 ········· 214
할머니가 위독하시다는 연락을 받았다 ········· 224
나는 앞으로 어떤 교사가 되고 싶은 걸까? ········· 232
학교를 옮기는 것이 두렵다… ········· 240

PART 4 해설 '누구 한 사람도 뒤처지지 않는 교무실'을 목표로ㅤ··· 247

에필로그 ········· 254
맺음말 ········· 257

프롤로그

오늘부터 새로운 하루하루가 시작된다.
'우와, 벚꽃 예쁘다…'
아침 공기를 가슴 가득히 들이마시면서 앞으로 시작될 교사 생활에 대해 신나게 상상한다.

교사가 되고 싶다고 생각한 것은 언제쯤이었을까.
중학교 시절에 만난 선생님 덕분에 내 인생은 바뀌었다.
그 선생님이 없었다면 나는 길을 찾지 못하고 헤맸을지도 모른다. 학교 교육이 없었다면 지금의 나는 존재하지 못했을 것이라고 생각한다.
나를 키워준 것은 학교다.

'학교 교육에 은혜를 갚고 싶다.'

그런 마음으로 교육 대학교의 문을 두드리고, 여기까지 한 걸음 한 걸음 걸어왔다.
내 적성이 교사와 맞는지 안 맞는지는 솔직히 잘 모르겠다.
교사, 교육 현장은 매우 힘들다고 들었다.

내가 감당할 수 있을까?

인간관계에 서툴다.

다른 사람 앞에 서는 것도 어렵다.

남보다 걱정이 많고 자신감이 없다.

유머 감각이 있는 것도 아니고, 특별한 재능도 없다.

장점이라면 성실함 정도일 것이다….

학생들은 이런 나를 '선생님'이라고 불러줄까?

처음에 부임한 학교는 가족 같은 분위기라고 들었다.

"우리 학교에는 다양한 연령층의 선생님이 있어서 처음 오신 선생님들이 근무하기 좋은 학교라고 생각합니다."

교장 선생님은 그렇게 말씀하셨는데 정말 그럴까?

고향에 있는 부모님과 친구는 나를 응원해 주었다.

설령 견디기 힘든 학교라고 해도 여기까지 왔으니 헤쳐 나가야만 한다.

분명 괜찮을 것이고, 어떻게든 잘해낼 수 있을 것이다.

어쨌든 출발선에 서겠다.

그리고 다음 문제는 일단 해보고 나서 생각해 보겠다.

어떤 학생들이 기다리고 있을까.

기대된다.

앞으로 어떤 이야기가 시작될까?
두근두근 가슴이 뛴다.

이 문을 열면 새로운 나날이 기다리고 있다.
앞으로 시작될 내 인생.
그럼, 가보자.

PART **1**

의욕이 가득한데도 벽에 부딪히는 1년 차 '새내기 교사'

두근두근 학급 담임
초임인데 담임이라니!

※ 오른쪽에서 왼쪽으로 읽으세요.

새내기 교사의 속마음

우와-, 1년 차부터 학급 담임이 됐어.

열심히 하고 싶은 마음은 있지만 처음 부임하는 교사에게 담임을 맡기는 게 흔한 일인가? 이 학교에 대해서 아직도 파악하지 못한 상태인데…. 대학교 때 선배님은 담임을 맡고 나서 학급 붕괴를 겪었다고 말했던 것 같은데. 그 뒤로 분명히 병가를 내고 쉬었잖아. 과연 내가 감당할 수 있을까?

학생들은 새로운 반이 발표되는 것을 기대하고 있겠지. 나 같은 새내기 교사가 담임을 맡는다는 것은 학생들에게도 학부모님들에게도 죄송하기만 하다. 하지만 끙끙 고민해 봤자 소용없어. 이것도 공부라고 생각하고 노력해 볼까….

(3개월 후)

담임이 된 지 3개월이 지났어. 하루하루 괴롭다고 생각하면서 여기까지 왔다. 아직도 학생들과 친해지지도 않았고 어떻게 하면 좋을지 모르겠어. 문제점이 계속 생기고 정신적으로도 지쳤다. 부담임 교사가 부러워.

앞으로 교사를 계속하고 싶지만 이런 상태로 괜찮을까….

◆ '곁에 서 있는' 반주형 지원

초임인데 담임을 맡는 것은 분명히 힘든 일입니다. 그중에서도 '담임을 맡는 것이 꿈이었다!'라고 말할 정도로 의욕적인 새내기 교사도 있을 것입니다. 하지만 대부분은 '내가 잘할 수 있을까…'라며 불안하게 생각합니다. 일반 회사라면 신입 사원 연수를 받고 나서 현장에 나가는 것이 일반적일 것입니다. 그런데 학교에서는 초임 교사라고 해도 갑자기 담임을 맡게 됩니다.

새내기 교사가 "담임을 맡아서 불안해요"라고 중얼거린다면 선배 교사는 우선 "그렇군요" 하고 공감을 해줄 필요가 있습니다. 적어도 "초임 교사가 담임을 맡는 건 요즘 당연한 겁니다", "나약한 소리나 하고 있을 때가 아닙니다. 담임을 하는 수밖에 없습니다"라는 식으로 차갑게 말해서는 안 됩니다.

"그렇군요. 교사가 되자마자 담임을 맡으면 불안하지요."
"학교에 대해서도 아직 파악하지 못했을 텐데 힘들겠네요. 다들 도와줄 겁니다."

먼저 새내기 교사의 상황을 이해해 주고, 곁에서 지지해 주는 자세를 보여주는 것이 중요합니다. 앞으로 다가오는 시대에 교육 현장에서 원하는 교사는, 필요할 때 학생 '곁에 서 있는' 반주형 지원을 할 수 있는 교사입니다.

학생이 주도적으로 배우고 '자율적'으로 행동할 수 있게 하기 위해서는 먼저 교사인 어른 자신이 '자율적'으로 행동할 필요가 있습니다. 교육 현장에 첫걸음을 내디딘 새내기 교사들도 마찬가지입니다. 미래에 '자율적'인 교사가 되도록 선배 교사를 비롯해서 동료 교사들이 적절하게 지원할 필요가 있습니다.

그리고 새내기 교사를 지원하는 것은 바람직한 학교를 만들고 학생을 지원할 방법을 배우는 기회가 되기 때문에 선배 교사 자신의 성장으로도 이어지게 됩니다.

◆ **키워드는 '같이'**

처음 발령을 받았는데 담임이 된 새내기 교사에게 힘이 되는 말이 있습니다. 그것은 "같이 힘 내요!"라는 말입니다. **"같이 힘 내요"**라는 말의 장점은 누가 사용해도 각자의 따스한 마음이 전달된다는 것입니다.

예를 들어 같은 세대인 20대 선생님에게 "같이 힘내요!"라는 말을 들으면 어떤 기분이 들까요? 새내기 교사는 '나이도 비슷하고 같이 힘내고 싶은 기분이 든다'라며 친근감과 의욕이 생길 것입니다.

그렇다면 30대 선배 교사에게 "같이 힘내요!"라는 말을 들으면 어떤 생각이 들까요? '이 선생님을 롤모델로 삼아 잘 따라가야겠다'라고 안심할 수 있게 되지 않을까요?

그리고 40대 이상의 베테랑 선배 교사에게 "같이 힘내요!"라는 말을 들으면 어떤 느낌이 들까요? '이런 베테랑 선생님이 『같이』라는 말을 해주셔서 감사하다. 잘 모르는 것은 여쭤보면서 힘내야겠다'라며 용기가 생길 것입니다.

새내기 교사가 가장 두려워하는 것은 힘들 때 고립되는 상황입니다. 따라서 **'같이 하니까 괜찮다'**라는 메시지를 보내는 것이 정말로 중요합니다.

◆ 자신의 노하우는 아낌없이 전해준다

"힘들 때는 내 방식을 모두 따라 해도 됩니다!"

이 한마디를 해주면 불안해 보이는 새내기 교사의 얼굴이 확 밝아질 것입니다. 의지가 되는 선배 교사에게 "모두 따라 해도 됩니다!"라는 말을 들으면 새내기 교사는 안심하게 됩니다. '이 선배님과 같이 담임을 할 수 있게 되어 마음이 든든하다', '다행이다…'라고 생각하게 되는 순간입니다. 제가 과거에 신세를 졌던 선배님들도 '이분은 최고다'라고 생각되는 분일수록 지식이나 노하우를 아낌없이 전해주었습니다.

이런 노하우를 가르쳐 준 선배님에게는 은혜를 갚고 싶어집니다. 분명 '선배님이 이만큼 응원해 주니까 나도 힘을 내야지!', '배운 것을 살려서 나도 빨리 어엿한 교사가 되어야지!'라고 담임이라는 직책에 대한 동기가 높아질 것입니다.

◆ '자기 반 담임과 옆 반의 부담임'이 되다

학급 경영을 성공시키기 위해서는 학년 집단의 팀워크가 중요합니다. 같은 학년에 처음으로 담임을 맡은 새내기 교사가 있다면 선배 교사는 새내기 교사가 맡은 반의 부담임이 된 것 같은 기분으로 신경을 써줬으면 합니다.

한편 '선배 교사 자신도 자기 반 담임'이라는 사실을 잊지 말고 새내기 교사에게 '담임으로서의 모습'을 보여주고 그 모습을 뒤에서 배울 수 있는 환경으로 만드는 것이 이상적입니다.

'자기 반 담임'이면서 '옆 반의 부담임'이 된다는 마음으로 팀으로서 새내기 교사를 지지해주는 것은 나아가 학년 경영의 성공으로 이어지게 됩니다.

예상보다 훨씬 많은 업무량
해도 해도 끝이 없다

※ 오른쪽에서 왼쪽으로 읽으세요.

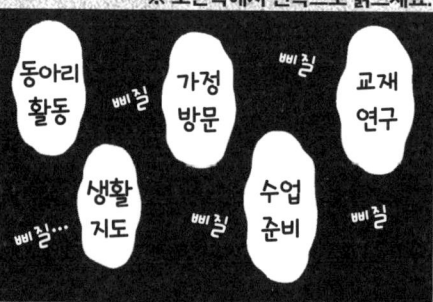

새내기 교사의 속마음

이제 울고 싶어….

해도 해도 끝나지 않아. 돌아가고 싶은데 돌아갈 수가 없어. 자꾸자꾸 덮쳐오는 상상을 초월하는 수많은 일들. 갑작스러운 학부모의 연락과 대응, 설문 조사 처리, 서류 작업 등 일 하나하나는 사소해 보이지만 그게 쌓이면 생각 이상으로 시간을 많이 잡아먹잖아.

오늘은 밥을 먹을 시간도 없었어. 배고픔조차 잊어버렸어. 후우. 드디어 교무실 의자에 앉는구나 생각했는데 전화가 걸려 왔다. 오늘 있었던 학생들 사이의 문제 때문인 걸까?

…전화 통화가 생각보다 오래 걸렸다. 이런? 벌써 시간이 이렇게 되었나. 큰일 났다. 내일은 수업이 많아서 비는 시간도 없는데 수업 준비도 아직 끝내지 못했어. 하지만 먼저 학년 부장님이 말씀하신 서류 작업을 빨리 마무리해야 해. 아, 다음 교사 회의 때 제출할 자료도 만들어야 해. 결석한 학생에게 내일 나오라고 연락도 해야 하고. 쪽지 시험 채점도 아직 못했어. 아니, 어째서 이렇게 일에 쫓기게 된 거야!

그런데…, 내가 정말로 하고 싶은 게 이런 거였어?

◆ '하지 않을 것'을 정한다

 학교 현장에만 해당되는 이야기는 아니지만 새내기 교사가 어려움을 겪지 않도록 '해야 할 것'을 명확히 정해두는 것이 중요합니다. 하지만 단순히 지시만 내리면 안 됩니다.

 단순히 지시만 내리면 일에 대해 '강요받는 느낌'이 강해져서 불필요한 스트레스를 주기 때문입니다. 새내기 교사는 아직 스스로 일의 우선순위를 명확히 정하거나 중요한 것과 덜 중요한 것을 판단할 수 없기 때문입니다. '윗사람이나 선배에게 들은 것은 모두 같은 에너지로 처리해야 한다'라고 생각하면 어디부터 시작해야 할지 몰라서 당황하게 됩니다.

 예를 들어 자신이 갖고 있는 컴퓨터나 스마트폰을 떠올려보세요. 아무리 고성능이라고 해도 메모리가 가득 차면 움직임이 느려집니다. 그런 상태에서 계속 사용하면 결국 멈추게 됩니다. 교사도 마찬가지입니다.

 새내기 교사뿐만 아니라 대부분의 교사는 '뺄셈'보다도 '덧셈'을 잘합니다. '쌓이고 또 쌓여서' 일이 갈수록 늘어나기만 하는 직장이 되면 교사는 지치게 됩니다. 이런 악순환을 끊기 위해서라도 먼저 새내기 교사에게 '뺄셈'의 관점을 갖게 하는 것부터 시작해 보는 것이 어떨까요?

그러기 위해 필요한 것은 두 가지입니다.

- 새내기 교사에게 '해야 할 일'을 지시할 때 목표 이미지를 갖게 합니다. 기한과 함께 무엇을 어느 정도까지 하면 완료되는지를 전달합니다.

- 새내기 교사가 '해야 할 일'이라고 느끼는 것을 이야기하라고 하고, 다음 네 가지로 구분해서 전달합니다. 또는 서로 이야기하면서 선별합니다.

> · 기한까지 반드시 해야 하는 일.
> · 시간 여유가 있을 때 하면 좋은 일.
> · 무리가 된다면 하지 않아도 되는 일.
> · 애초에 하지 않아도 되는 일.

이런 식으로 구분하기만 해도 새내기 교사는 일하기가 훨씬 쉬워질 것입니다. 마음에 여유가 생기고 '지금, 무엇에 집중 해야 하나'를 스스로 결정할 수 있기 때문에 목적 의식과 주인 의식도 생깁니다. 그렇게 하면 '나는 지금, 이런 목적을 위해서 이런 일을 한다. 힘들기는 하지만 마지막까지 완수하자'라고 이해하고 받아들인 뒤 일을 할 수 있게 됩니다. 그 결과 새내기 교사는 일에 대한 보람을 발견하고 반짝거리는 눈으로 다시 돌아올 수 있습니다.

'선행을 베풀면 자신에게 돌아온다'라는 말이 있는데 바쁜 와중에도 "이 일은 지금 하지 않아도 괜찮아요", "학부모에게 하는 연락은 내가 대신해 줄게요"라고 시원스럽게 말할 수 있는 선배 교사가 늘어난다면 미래의 학교를 지탱할 믿음직스러운 새내기 교사들을 키울 수 있을 것입니다.

◆ 기분 좋은 확인을 하라

새내기 교사가 일에 쫓기는 원인은 자신이 자기 관리를 잘하지 못하는 경우도 있지만 환경이 좋지 않아서일 때도 있습니다. 하지만 한 가지 말할 수 있는 점은 새내기 교사가 주도적으로 '앞으로의 일정을 예측하고 효율적으로 일을 하는 것은 매우 어렵다'라는 것입니다. 교사 업무에 익숙해지지 않은 동안에는 눈앞에 있는 학생들과 마주하면서 그날 하루를 보내느라 정신없을 것입니다.

그런 새내기 교사에게 주변에서 해주는 확인만큼 고마운 것이 없을 것입니다. 확인이란 앞으로의 일을 내다볼 수 있는 선배 교사가 새내기 교사에게 일의 순서를 제안해 주는 것입니다.

 "**이제 곧 학부모 회의가 있어요**", "**새로운 한 주가 시작되기 전까지는 자료를 만들어 두세요**", "**평가 자료는 다 모아 뒀어요?**", "**교무 부장님이 주말까지는 시안을 내놓으라고 말씀하셨어요**"라고 세심하게 말을 걸어주는 것은 기한을 코앞에 두고 하는 것이 아니라 일찌감치 하는 것이 중요합니다. 확인을 할 때는 항상 '자연스럽게', '기분 좋게' 상대를 배려해 주는 것이 핵심입니다.

◆ '고민하기 전에' 상담을 하라

 "**고민이 있다면** 언제든지 상담을 하세요"라는 것은 종종 듣는 말입니다. 하지만 이런 말은 새내기 교사를 의도와 달리 어려운 상황에 빠뜨릴 때가 있습니다. 성실한 새내기 교사일수록 '스스로 어떻게든 해야 한다', '아직은 선배님에게 상담할 정도는 아니다'라고 생각할 때가 있어서 혼자서 문제를 안고 가기 때문입니다. 자신의 힘으로는 도저히 해결할 수 없다고 깨닫고 결국 도움을 요청할 무렵에는 이미 시기를 놓치게 됩니다. 문제가 눈덩이처럼 커져서 회복하는 데 시간이 걸리고 에너지가 고갈되는 상황에 놓이게 됩니다.

저도 새내기 교사 시절 행사 준비를 시간에 맞춰 제대로 해내지 못해서 선배 선생님들을 밤늦게까지 남아 있게 만들어 피해를 끼쳤고 "좀 더 빨리 상담을 요청했으면 좋았을 텐데…"라는 말을 들은 적이 있습니다.

그래서 새내기 교사에게는 '고민이 있다면 상담'이 아니라 '고민하기 **전에** 상담'이라고 말하고 싶습니다.

'고민하기 전에 상담하세요'

이 한 마디로 새내기 교사는 '이런 일로 상담을 해도 괜찮을까' 하고 망설이기 전에 쉽게 상담을 요청할 수 있게 됩니다.
꼭 시도해 보세요.

사실은 좀 더 학생들과 가까이 지내고 싶은데…

새내기 교사의 속마음

아~ 오늘도 피곤했다. 이럴 리가 없는데…, 이게 정말로 교사가 하는 일인가? 생각했던 것과 너무 다르다.

전혀 경험이 없는 동아리 활동을 지도해야 하고, 급식비를 내지 않은 가정에 재촉 전화를 해야 하고, 학부모에게 비난받고, 몸과 마음이 완전히 지쳤어. 다음에는 지역 순찰도 해야 하고, 내일 방과 후에는 학교에 오지 않는 학생의 집에 찾아가야 해.

이래서는 수업 준비를 아예 할 수 없어. '교사의 본업은 수업'이라고 대학교 때 배웠는데.

학생들 인생에 도움이 되고 싶어서 교사가 되었는데. 더 즐겁고 이해하기 쉬운 수업을 하고 싶고, 더 학생들과 가까워지고 싶어.

그런데 최근에 너무 피곤해서 웃는 얼굴로 교실에 있기가 힘들어…. 매일 아침, 학교에 가는 것이 우울하고 의욕이 생기지 않아. 오늘은 학생들에게 "선생님 얼굴이 피곤해 보이세요. 괜찮으세요?"라는 말을 들었어. 정작 내가 학생들에게 말을 걸고 싶었는데….

형편없는 교사라서 미안해.

◆ 목적과 장점을 전달한다

앞서 이야기한 새내기 교사는 일의 목적과 장점을 잘 알지 못한 상태에서 다양한 일을 맡아서 정신적으로 무너지기 직전까지 몰렸습니다.

학교 현장에는 원래 목적은 사라지고 껍데기만 남게 되는 일도 있습니다. 그런 일만 맡은 날에는 모든 것이 '자질구레한 일'로 생각될 것입니다. '강요받는 느낌'이 강해지면 새내기 교사는 동기가 줄어들게 됩니다.

저도 전에는 '무엇을 위해 이런 일을 하고 있을까?'라는 의문을 품을 때가 여러 번 있었습니다. 일 하나하나의 목적과 장점을 파악하고 이해하면 움직일 수 있습니다. 하지만 일의 목적과 장점이 명확하지 않거나 '목적은 알지만 그것을 이루기 위한 수단이 모호하다'라고 생각될 때는 좀처럼 마음이 내키지 않게 됩니다. 그렇기 때문에 새내기 교사뿐만 아니라 누군가에게 일을 맡길 때 '무엇을 위해' 그 일을 하는지, 그 일에는 어떤 장점이 있는지, 목적과 의도, 배경 등을 설명하는 것이 중요합니다.

그렇게 하면 일을 하는 사람의 마음속에 주인의식이 싹터서 적어도 '이런 게 아니었는데'라고 생각하는 경우가 줄어들 것입니다.

◆ '누구에게 무슨 말을 듣고 싶은가'부터 생각해 본다

저는 일을 할 때 시작하기 전에 반드시 **누구에게 무슨 말을 듣고 싶은가**를 생각해 봅니다. 이것은 예전에 제가 외부 강연을 할 때 도움을 받았던 주식회사 사이보즈의 아오노 요시히사 사장님이 기획을 할 때 중요하게 여기는 콘셉트입니다.

'누구에게'라는 것은 그 일의 '대상'을 의미하고, '무슨 말을 듣고 싶은가'라는 것은 그 일을 함으로써 '대상에게 어떤 가치를 주고 싶은가'를 분명히 밝히는 것입니다. 학교 일을 할 때 대상인 '누구에게'에 해당되는 것은 그 대부분이 '학생들에게'가 될 것입니다.

이 콘셉트를 바탕으로 하면 언뜻 불필요해 보이는 일이라고 해도 그것에는 어떤 가치가 있다고 스스로 생각하게 됩니다. 목적이나 그에 따른 장점을 의식하면서 이해하는 마음을 갖고 일을 하기 위해서라도 '누구에게 무슨 말을 듣고 싶은가'를 새내기 교사와 함께 생각해 보면 어떨까요.

◆ 모든 길은 로마로 통한다

'모든 길은 로마로 통한다'라는 격언이 있습니다. 이 말은 '출

발점이나 수단이 다르더라도 마지막에는 같은 장소나 결론으로 다다른다'라는 의미입니다. 교사 일도 마찬가지입니다. 사실 모든 교육 활동이 하나의 목적으로 이어지고 있습니다.

그렇다면 교육 활동의 목적은 도대체 무엇일까요?

그것은 학생들의 행복한 미래의 실현, 즉 '지속 가능한 사회의 실현'입니다. 이것은 인류 공통의 목적이기도 합니다. 이런 궁극적인 목적 아래 다양한 교육 활동이 이루어지는 것입니다.

하지만 교사에게는 그 표현의 방식이나 수단이 다를 것입니다. 예를 들어 A 선생님은 "학교 생활을 통해서 학생들이 사회에서 살아갈 수 있는 힘을 기르도록 도와주고 싶다"라고 말한다고 합시다. 한편 B 선생님은 "학생들에게 즐겁고 이해하기 쉬운 수업을 해주고 싶다"라고 말합니다. 이렇게 표현의 방식이나 수단은 다르지만 두 선생님 모두 '학생의 행복'을 바라고 있고 그 바탕에는 '지속 가능한 사회의 실현'이 있습니다. 앞서 이야기한 새내기 교사도 아직 스스로 깨닫지 못했는지 모르겠지만 '학생들과 좀 더 가까이 지내고 싶은데…'라고 말하는 그 마음에는 분명 같은 목적이 숨어 있을 것입니다.

'이런 게 아니었는데'라고 생각하는 새내기 교사와 대화를 나누어보고 그 목적을 깨닫게 해주기만 해도 눈빛이 다시 반짝거리게 될 거라고 생각합니다.

◆ 새내기 교사의 '생각'을 들어본다

'사람을 존중한다'라는 것은 '그 사람이 소중하게 여기고 있는 것을 함께 소중하게 여기는 것'이라고 저는 생각합니다. 앞서 이야기한 새내기 교사에게도 분명히 소중하게 여기는 생각이 있을 것입니다. 그런 새내기 교사에게 이렇게 물어보면 어떨까요?

"어떤 일을 계기로 교사가 되고 싶다고 생각하게 되었습니까?"
"앞으로 어떤 교사가 된다면 기쁠까요?"
"학생들과 어떤 일을 해보고 싶은가요?"

자신의 머릿속으로 이것저것 상상해 보는 것보다는 새내기 교사의 생각을 직접 들어보고 지원할 수 있는 범위를 넓혀가는 것이 좋을 것 같습니다.

오늘도 수업을 제대로 하지 못했어…

새내기 교사의 속마음

오늘도 수업을 제대로 하지 못했어….

학생들 눈이 반짝이지 않아. 그런 수업만큼 괴로운 건 없어. 32명의 눈길이 무서워서 교실에서 도망치고 싶었어.

매일 수업을 하는데 왜 제대로 하지 못하는 걸까….

지난주에 지도 교사 선생님이 내 수업을 보러 오셨어. "열심히 하려는 마음은 전해졌어요"라고 말해주셨지만 "교재 연구를 충분히 했나요?", "질문을 던지는 게 불안해 보이니까 그 점을 고치면 좋겠어요"라고 조언을 해주셨어.

교재 연구…. 어떻게 더 개선해야 좋은 걸까? 질문을 던지는 방식도 솔직히 잘 모르겠어. 누군가에게 상담을 받고 싶지만 다들 바빠 보여서 말을 걸기가 힘들어. 큰일 났다.

언제나 수업 시작 전까지 아슬아슬하게 준비를 해서 헐레벌떡 교단에 서게 돼. 너무 시간이 부족해. 이런 벼락치기가 제대로 될 리가 없잖아.

내일도 수업이 있는데. 앞으로 어떻게 하면 좋을까.

◆ 수업으로 고민할 때야말로 성장하기 아주 좋은 기회!

'수업이 제대로 이루어지지 않는다'라고 고민하는 새내기 교사야말로 발전 가능성이 큰 사람입니다. 작가 사카구치 안고 님은 '훌륭한 영혼일수록 심하게 고민한다'라는 말을 남겼습니다. 성장하고자 하는 마음이 강한 새내기 교사일수록 자신의 수업에 대해 깊이 고민합니다.

선배 교사로서, 새내기 교사가 성장할 수 있는 좋은 기회를 살려주는 것이 중요합니다. 새내기 교사가 수업으로 고민하는 모습을 본다면 먼저 다음과 같이 도와주시기 바랍니다.

◆ 선배 교사의 수업에 초대한다

수업 개선으로 가는 지름길은 다른 교사의 수업을 보는 것입니다. 하지만 그 사실을 알고 있다고 해도 "선배님의 수업을 봐도 될까요?"라고 새내기 교사가 스스로 부탁을 하는 것은 꽤 큰 용기가 필요합니다. 따라서 선배 교사가 먼저 나서야 합니다.

"다음에 괜찮으면 내가 하는 수업 한번 보러 올래요?"

이런 식으로 부담 없이 초대해서 수업을 참관하는 장벽을 낮춰줍니다. 그리고 새내기 교사가 수업을 보러 오면 이를 계기로 어떤 일로 고민하는지 이야기를 들어봅니다. 대화가 자연스럽게 이어지면 부담을 주지 않고 새내기 교사의 수업을 보러 갈 수 있을 것입니다. 그러면 문제 해결의 실마리를 찾을 수 있게 됩니다.

◆ '수업이 서툴다'라고 생각하는 경우에 시도해볼 것

수업이 제대로 이루어지지 않아 고민하는 새내기 교사에게 먼저 다음과 같은 방법을 소개해 주기 바랍니다.

- 선배 교사에게 수업을 봐달라 한다.
- 자신의 수업을 동영상으로 찍어 본다.
- 수업을 잘하는 선생님의 방식을 따라해 본다.
- 수업 반성록을 작성해서 분석해 본다.
- 연수나 연구회에 참가한다.
- 책과 인터넷으로 수업의 비결을 조사한다.

위와 같은 방법 등이 있습니다.

◆ '뺄셈'으로 목표를 하나로 좁힌다

수업을 개선할 때 중요한 것은 목적을 단순화하는 것입니다.

새내기 교사에게 많은 것을 요구하는 것은 가혹합니다. 여기서 중요한 것은 이것저것 다 욕심부리는 '덧셈'이 아니라 '뺄셈'입니다. 그날의 목표를 하나로 좁혀서 전달해 보세요.

예를 들어 '오늘은 수업을 시작할 때 목표를 확실히 전달해본다', '10분 동안은 반드시 학생들의 활동 시간을 확보한다'라는 식으로 새내기 교사에게 말해보세요. 목표를 하나로 좁혀서 목적에 집중함으로써 '수업을 하면서 지금 무엇을 잘하고 있고, 무엇이 부족한가'가 명확해집니다.

◆ 수업 준비 시간을 선물한다

만약에 새내기 교사가 '수업 준비 시간을 확보할 수 없다'라며 고민하고 있다면 짧은 시간이라도 좋으니까 특별한 시간을 선물하는 것도 하나의 방법입니다.

"이 시간에는 학년 업무를 하지 않아도 되니까 수업 준비에 쓰세요"라는 식입니다.

'수업 준비 시간을 확보할 수 없다'라는 고민을 그대로 두면

'생각했던 것과 다르다', '이런 게 아니었는데' 등 교직에 대한 실망감으로 이어집니다.

이것이 터닝포인트입니다. '더는 고민이 깊어지지 않게 하겠다'라는 것을 중시하고 다소 무리를 해서라도 수업 준비에 집중할 수 있는 시간을 제공하는 것입니다. 그렇게 하면 마음에 여유가 생겨서 동료 교사들이 하는 조언도 차분하게 들을 수 있게 됩니다.

◆ 선배 교사의 제안으로 자체적인 연수를 해본다

제가 전에 근무했던 학교에서는 선배 교사가 자체적으로 연수를 열어서 새내기 교사의 불안을 없애기 위한 연구를 했습니다. 연수 내용은 기본적인 학교 생활 예절을 비롯해서 '수업을 하는 방법', '평가 방식', '학생을 대하는 방식' 등입니다. 모든 학교에서 필요한 것이지만 직접적으로 배울 수 있는 기회는 적습니다.

당시 연수를 기획했던 선배님이 이런 말을 했습니다.
"교사 업무는 연수 없이 바로 현장에서 시작해야 하기 때문에 당황스러운 경우가 많아요. 가르쳐 주지도 않으면서 모른다고 야

단을 치는 것은 불합리하다고 생각합니다."

　새내기 교사가 좌절하는 것은 새내기 교사만의 문제가 아닙니다. 20세기 때처럼 '일은 가르쳐 주는 것이 아니다. 보고 훔치는 것이다'라는 냉혹한 사고방식은 지금 시대에 맞지 않습니다.

　현재는 새내기 교사라고 해도 현장에서 바로 잘해내기를 바라는 시대입니다. 그러므로 새내기 교사 한 사람 한 사람의 개성과 과제에 맞게, 때로는 하나부터 열까지 모두 가르쳐 줄 필요가 있습니다.
　'누구 한 사람도 뒤처지지 않는 교무실', '누구 한 사람도 뒤처지지 않는 사회'를 만들기 위해서라도 선배 교사가 어떤 역할을 해야 하는가는 굉장히 중요합니다.

상담해도 될까?
모르는 것이 무엇인지 모르겠다

※ 오른쪽에서 왼쪽으로 읽으세요.

새내기 교사의 속마음

최근에 표정이 어두워서 계속 마음에 걸렸던 학생에게 오늘은 말을 걸어봤어. 어떻게 말을 꺼낼까 망설였지만 일단 솔직하게 "요즘 무슨 힘든 일이 있니?"라고 물어봤어.

학생은 귀찮은 듯이 "딱히 선생님께 말씀드릴 만한 것은 없어요"라고 말했지만 돌아설 때도 여전히 표정이 어두워 보였어.
그렇게 말을 걸어도 괜찮았던 걸까…. 어쩌면 학생에게 신뢰를 받지 못하는 걸까.
하~ 마음처럼 쉽지 않네. 이럴 때 다른 선생님들은 어떻게 했을까….

상담을 해보고 싶은 마음은 있지만 사소한 일이라서 '지나치게 예민하다'라는 소리를 들을 것 같아.
너무 걱정이 많은 걸까…. 하지만 뭔가 마음에 걸려.
'상담해도 되는 건지'도 모르겠고 걱정해도 되는 건지조차 모르겠어.
혼자서 너무 걱정해서 머리가 아파진다….

◆ 객관적인 사실을 전달한다

"뭐 걱정거리 있어요? 오늘 교무실로 들어올 때 굉장히 어두운 표정을 짓고 있던데."

이런 사소한 한 마디가 새내기 교사를 구원할 때가 있습니다. 새내기 교사는 '자신이 어두운 표정을 짓고 있었다'라는 사실조차 깨닫지 못하는 경우가 많습니다.

애초에 좋아서 '걱정하고 싶다', '우울하고 싶다'라고 생각하는 사람은 없습니다. 곤란한 일이나 걱정되는 일이 있는 경우 성실한 사람일수록 주위에 신경을 쓰고 '이런 일로 고민하고 있어서는 안 돼', '나는 좀 더 노력해야 해'라고 자신을 속이면서 하루하루 버티려고 합니다. 그러다 보면 스스로 '지금 내가 어떤 상태인가'를 깨닫지 못한 상태로 계속 무리를 하다가 어느 날 갑자기 실이 뚝 끊어지게 됩니다.

언젠가 어느 새내기 교사가 이런 이야기를 해준 적이 있습니다.

"저는 언제나 다른 사람에게 좀처럼 마음을 털어놓지 못해요…. 동료 선생님들이 '괜찮아요?'라고 물으면 그냥 '괜찮아요'라고 대답해버립니다. 저도 괜찮고 싶은데…."

자세히 물어보면 아무래도 그 새내기 교사는 자신의 고민이

'걱정해도 좋은 걸까', '하루하루 지내면서 어느 정도로 심각한 걱정거리인지'를 알지 못해서 동료 교사들에게 상담해도 좋은지조차 판단하지 못하고 혼자서 떠안고 있었던 것 같습니다.

그럴 때 "어두운 얼굴을 하고 있네요", "발걸음이 무거워 보여요", "목소리에 힘이 없네요"라는 식으로 객관적인 사실을 전해 듣기만 해도 '내가 지금 그렇게 심각한 상태인가', '이야기를 해도 괜찮은 걸까'라고 생각할 수 있게 됩니다.

덧붙이자면 저는 새내기 교사 때 선배님에게 이런 말을 들은 적이 있습니다. 부임한 지 한 달 정도 되어 골든위크(4월 말에서 5월 초까지 지속되는 일본의 황금연휴)가 끝났을 무렵이었습니다.

"마에카와 선생님, 부임 초기에는 활기차 보였고 목소리에도 힘이 있었는데요. 하지만 요즘에는 그 목소리가 옆 교실까지도 들리지 않아서 괜히 좀 걱정이 되네요…."

이 말을 듣고 '아, 요즘 내가 그렇구나' 하고 처음으로 자신의 상태를 의식하기 시작했습니다. 확실히 발걸음이 가벼웠던 4월 초에 비하면 점점 피로가 쌓여서 기분이 조금 가라앉은 상태였습니다.

저는 선배님에게 들은 말을 계기로 '충분히 휴식을 취하자', '앞으로는 좀 더 활기차고 착실하게 일을 하자'라고 의식할 수 있게 되었습니다.

　교사는 '다른 사람의 자그마한 변화도 눈치채는 전문가'라고 그때 생각했던 것을 아직도 기억하고 있습니다.

◆ 새내기 교사가 보내는 작은 신호들

　교사로 부임하고 나서 며칠 안 되었을 때일수록 새내기 교사는 '알지 못한다는 것조차 모른다'라는 상태에 있습니다. 경험이 쌓이다 보면 그것이 어느 정도의 걱정거리이고 스스로 해결할 수 있는지, 다른 사람에게 상담하는 것이 좋을지, 상담한다면 누구에게 상담하는 것이 좋을지, 스스로 판단할 수 있게 됩니다. 그런데 새내기 교사의 대부분은 그렇지 않습니다. 알지도 못하는 사이에 혼자서 문제를 떠안고 괴로워합니다. '표정이 어둡다', '피곤해 보인다', '피로회복제를 자주 마신다' 등 새내기 교사가 내보내는 작은 신호가 분명히 있습니다.

　이런 사인을 발견했을 때 선배 교사가 말을 계속 걸어줌으로써 **'선생님을 지켜주고 싶다'라는 메시지를 보낼 수 있습니다.** 새내기 교사가 즉시 반응하지 않더라도 괜찮습니다.

◆ 고객 센터의 전화 응대를 참고로

구입한 상품에 대해 질문하고 싶은 것이 있어서 어떤 회사의 고객 센터에 전화를 걸었을 때의 일입니다. 저에게 한차례 설명을 해준 뒤 상담원이 마지막에 이렇게 물었습니다.

"달리 궁금하신 점이나 신경 쓰이시는 점은 없으신가요?"

확인을 하기 위한 말입니다. 이 말을 들으면 '이제 전화를 끊어도 정말 괜찮을까?'라고 되돌아볼 수 있고, '사소한 것이지만 신경 쓰이니까 물어볼까'라는 마음이 생깁니다.

따라서 새내기 교사와 대화를 나누고 마지막에 **"그 밖에 불안한 점은 없어요?", "물어보고 싶은 것은 없나요?"라고 확인을 해주면 작은 의문을 꺼내놓기 쉬워질 것입니다.**

새내기 교사 연구회에 가는 것이 괴롭다

새내기 교사의 속마음

(연수에 참가하기 직전)

오늘은 오후부터 초임 교사 연수다. 연수를 가기 전에 꼭 해야 하는 것들이 잔뜩 있다.

그 선생님이 이걸 부탁했고, 내일 수업도 준비해야 하고….

아침부터 바쁘게 뛰어다니느라 정신없었고, 머릿속이 복잡해졌다….

선배님에게는 "뭐죠? 오늘 왜 이렇게 힘들어 보이는 거예요. 무슨 일 있어요?"라는 말을 들었지만 시간에 쫓겨서 제대로 답변을 드릴 여유조차 없었어.

(연수 중)

오늘 연수 내용은 이미 알고 있는 것만 있는데…, 앞으로 1시간도 더 이야기를 들어야 하는 건가….

주변에 있는 새내기 교사도 지루해하는 표정을 짓고 있고, 우리가 지금 정말로 알고 싶어 하는 것은 이런 게 아닌데. 이 연수에 참가하기 위해 동료 교사들이나 학생들에게 피해를 주었다고 생각하니까 왠지 모르게 답답한 마음이 든다.

사실은 훨씬 더 잘하고 싶은데.

◆ 초임 교사 연수가 오히려 부담이 된 현실

 행정과 관련한 새내기 교사 연수로 '초임 교사 연수'가 있습니다. 지자체에 따라 차이는 있지만 일반적으로 자신이 다니는 학교에서 하는 교내 연수, 교육청이나 교육 센터 등에서 하는 교외 연수로 구성되어 있습니다.

 새내기 교사가 연수에 참가하려고 출장을 내기 위해서는 자신의 반과 수업을 다른 선생님에게 부탁해야 합니다. 그리고 처리하지 못한 일들은 연수 이후에 반드시 스스로 해결해야 합니다. 초임 교사 연수가 끝나고 집으로 바로 돌아가면 다행이지만 경우에 따라서는 학교로 돌아가 업무를 처리해야 하는 경우가 있습니다. 심지어 동아리 지도를 하거나 연수 보고서를 작성해야 하는 새내기 교사도 있습니다. 초임 교사 연수뿐만 아니라 베테랑 교사의 출장 때도 마찬가지라고 할 수 있습니다. 저도 연수가 있는 주에는 시간을 잘 쪼개고 할 일을 조정해서 빈틈없이 매일 업무를 채웠습니다. 이런 일은 흔히 일어나는 일입니다.

 '배운다'라는 것은 원래 매우 즐거운 일입니다. 새내기 교사라면 더욱 눈을 반짝이며 연수에 참가했으면 좋겠습니다. 하지만 현실적으로 연수를 위해 시간을 내는 것 자체가 새내기 교사에게는 커다란 부담이 되고 배움에 대한 의욕이 줄어들게 만들 때도 있습니다.

◆ 초임 교사 연수가 형식적으로 된 경우도 있다

 학생들의 배움과 마찬가지로, 새내기 교사도 연수를 받을 때 '무엇을 위해 교육받는가'라는 목적과 주인의식을 분명히 해야 합니다. 그렇지 않다면 강요받는다는 느낌만 들어 배움이 깊어지기 힘듭니다. '주도적인 배움', '깊이 있는 배움'이 필요한 것은 학생들뿐만이 아닙니다. 우리 교사도 마찬가지입니다. 연수의 목적은 조금이라도 성과가 있어야 하는 것입니다. 다시 한 번 연수의 목적을 되짚어 보고 최대한 새내기 교사에게 부담을 줄여주고, 새내기 교사에게 정말로 필요한 것을 배울 수 있는 자리로 만들기 위해 연구해야 합니다.

◆ 새내기 교사의 '배우고 싶다!'라는 마음을 소중히 여긴다

여기서 새내기 교사의 속마음을 좀 더 들어볼까요….

- '초임 교사 연수에서 하고 있는 협의는 인터넷에서 해도 충분하지 않나. 굳이 직접 만나서 연수를 하는 목적은 무엇일까.'
- '내용이 연수를 받는 사람의 수준과 요구에 맞을까. 학생에 대해서는 개개인에게 맞는 지도가 중요하다, 주도적인 배움

이 필요하다고 말하면서 우리 교사의 배움은 수동적으로 받는 것 같은 기분이 든다…'

새내기 교사가 하고 싶은 말은 **'소중한 시간을 내서 연수를 왔으니까 시대와 요구에 맞는 의미 있는 배움을 제공받고 싶다'**라는 것입니다. 이것은 초임 교사 연수에만 해당하는 이야기가 아닙니다. '2년 차 연수', '3년 차 연수', 중견 교사들을 위한 연수에 대해서도 같은 식으로 말할 수 있습니다.

초임 교사 연수는 새내기 교사가 실제로 마주하게 될 학생들을 위한 내용으로 이루어져야 합니다. 궁극적인 목적을 달성하기 위해 연수의 질과 양을 다시 점검하고 내용을 훨씬 더 향상시킬 필요가 있습니다. '학습자 중심'의 배움과 그러기 위한 수업 만들기가 요구되는 시대입니다. 새내기 교사 역시 눈앞의 학생들과 함께 탐구할 수 있는 연수가 있어도 좋지 않을까 합니다.

◆ 초임 교사 연수를 되돌아볼 수 있는 교무실로

제가 새내기 교사였던 시절의 이야기입니다. 초임 교사 연수를 마치고 학교로 돌아오면 **"어서 와요"**, **"수고했어요"**, **"힘들었지요"**라고 따뜻하게 맞아준 선배님이 있었습니다. 이런 따뜻한 말한마디가 있느냐 없느냐에 따라 교무실에 있을 때 마음 상태가 크게 달라집니다. 당시 저는 '나는 선배님에게 응원을 받고 있구나', '빨리 어엿한 교사가 되도록 노력해야겠다'라는 마음이 들었습니다. 그리고 관리직 선생님이 "어서 와요~", "아앗! 학교에 다시 왔어요? 오늘 같은 날에는 집에 어서 들어가요"라는 말을 해 주거나 "오늘은 어떤 것을 배웠어요?"라고 관심을 보여주기도 했습니다.

새내기 교사로서는 '무엇을 위해 이런 마음으로 연수에 가야 하는 걸까?'라는 생각이 들면서 동기가 떨어지는 상황도 있을 것입니다. 그럴 때일수록 선배 교사가 **"어떤 걸 배웠어요?", "내일부터 실천할 수 있는 것이 있어요?", "최근에 있었던 초임 교사 연수의 과제는 어떤 느낌이었어요? 보고서를 잠깐 읽어 봐도 괜찮을까요?"**라고 관심을 갖고 따뜻하게 말을 건네야 합니다. 그러면 새내기 교사도 '이렇게 응원을 받고 있으니까 하나라도 더 배워서 돌아갈 수 있도록 노력해야지', '학교에 돌아가면 열심히 일해서 은혜를 갚아야겠다'라는 마음이 들 것입니다.

새내기 교사 한 사람에게 무거운 짐을 지게 할 것이 아니라 교무실 전체가 배웠던 것을 되돌아볼 수 있는 분위기를 만드는 것이 중요하다고 생각합니다.

학생한테 상처가 되는 말을 들었다

새내기 교사의 속마음

이제 안 되겠어. 눈물이 난다. 내 지시가 전혀 통하지 않아.

수업 중에 마음대로 돌아다니는 학생이 몇 명 있다.
"자리에 앉으세요", "조용히 하세요"라고 주의를 주면 계속 반항만 한다. 오늘은 학생에게 "시끄러워", "죽어"라는 말을 들었어. 주의를 주면 더욱 심해진다. 도대체 어떻게 하면 좋을까.
학생은 하고 싶은 이야기를 다 하고, 폭언을 내뱉기도 하고, 교사에게 인권 같은 건 없는 걸까. 새내기 교사가 아니었다면 놀림감이 되지 않았겠지.

용기를 내서 같은 학년 선생님에게 상담을 받아봤더니 "그 정도도 스스로 해결하지 못하면 앞으로 잘해낼 수 없어요"라는 말을 들었어. 현실은 냉혹하다.
그 중에는 "제가 학생에게 이야기를 해볼게요"라고 말하고 반항적인 태도를 보이는 학생을 타일러준 선생님도 있었다. 하지만 며칠 동안만 조용했다가 다시 원래대로 돌아왔다. 애써 이야기를 해주었는데 죄송하다….

아아, 내가 어떻게든 잘해내고 싶은데.

◆ 새내기 교사는 '지도력이 없다'는 것이 기본값

'학생들이 교사의 말을 듣지 않는다', '학생들이 교사를 만만하게 여기고 반항한다'

새내기 교사가 흔히 하는 고민인데요. 문제는 그 고민 자체가 아니라, 새내기 교사가 '최악의 상태에 빠지지 않도록 돕는 것'이 중요하다는 점입니다. 애초에 **새내기 교사는 '지도력이 부족한 것'이 기본적인 상태**입니다. 선배 교사에게 "그 정도도 직접 통제하지 못하면 앞으로 어떻게 하려고 그러십니까"라는 말을 들은 날에 새내기 교사는 '역시 나는 교사가 적성에 안 맞는 걸까'라며 그만두고 싶은 마음에 사로잡힙니다. 새내기 교사를 필요 이상으로 궁지에 몰아넣지 않기를 바랍니다.

선배 교사는 **'갓 부임했거나 연차가 얼마 되지 않은 새내기 교사는 지도력이 없는 것이 당연하다'**라는 너그러운 자세로, 학생들이 반항을 해서 괴로워하는 새내기 교사에게 다음과 같이 적절한 제안을 해주는 것이 좋습니다.

◆ 새로운 시대의 감각으로

애초에 '학생들이 반항한다', '반항을 하면 어떻게 대처해야 하나?'라는 생각 자체가 구시대적 발상입니다. 예전에는 고압적으로 명령하는 말투로 지도하는 것이 일반적이었지만 요즘은 그렇지 않습니다. '반항'하는 학생에게 큰 목소리로 고함을 치거나 힘으로 억누르려는 태도 역시 '체벌'이라고 할 수 있습니다.

'학생이 반항한다'라는 현상은 그 학생이 무언가 '곤란한' 상황에 놓여 있다는 것을 의미합니다. '공부가 잘되지 않는다'라든가 '수업 내용이 이해가 가지 않아 지루하다'라든가 '선생님의 지시가 이해하기 어렵다'라든가 어쩌면 '가정 환경이 불안정해서 짜증을 낸다'라든가 어떤 원인이 분명히 있을 것입니다.

학생이 반항적인 태도를 보일 때 교사를 적대시한다고 여길 것이 아니라 '무언가 어려움을 겪고 있는 학생이다'라고 받아들이고 함께 걸어가기 위한 방법을 생각하는 것이 중요합니다.

◆ 새내기 교사의 교실에 찾아간다

"좋아요, 그럼 다음에 복도에서 수업하는 것을 살짝 지켜보러 가겠습니다!"

고민하는 새내기 교사에게 이렇게 마음 든든한 말은 없습니다. 물론 그렇게 한다고 문제가 근본적으로 해결되는 것은 아니지만 일단은 '선배님이 나를 위해서 교실로 찾아와주셨다', '함께 어떻게든 해보자고 말씀해 주셨다'라는 사실에 위안을 받게 됩니다. 새내기 교사로부터 고민 상담을 받았다면, 실제 상황을 파악하기 위해 직접 교실로 가서 확인해보는 것이 중요합니다.

시간이 걸릴 수도 있지만 핵심은 새내기 교사가 힘겨워한다고 생각되는 현장을 목격하게 될 때까지 가능한 한 여러 번 새내기 교사의 교실로 찾아가보는 것입니다. 만약 한 번만 찾아가보고 나서 "내가 갔을 때는 괜찮던데요. 걱정하지 말아요"라고 말한다면 오히려 새내기 교사에게 '아무래도 귀찮다고 생각하는 걸까…'라는 실망감을 주게 될 것입니다.

그리고 실태를 파악했다면 선배 교사는 문제를 일으킨 학생을 불러서 **"사실은 복도를 지나갈 때 학생 목소리가 들려와서 조금 걱정이 되어서 교실을 살펴봤어. 뭔가 힘든 점이 있니?", "어떻게 하고 싶다고 생각하는 거니?"** 등 찬찬히 이야기를 들어주는 것이 좋겠습니다.

◆ 교사의 특성에 맞는 대책을

교사는 유독 '혼자서 학생들을 통솔해야 한다'라는 생각에 사로잡히기 쉽습니다. 제가 교육 현장에 들어와서 얼마 안 되었을 무렵에도 그렇게 생각했습니다. 제 주위에는 목소리가 쩌렁쩌렁한 선생님들이 많이 있어서 거침없이 시원스럽게 이야기하거나 따끔하게 야단을 치면 학생들이 자세를 똑바로 합니다. 그런 광경을 보면서 '나도 잘할 수 있지 않을까'라고 생각하게 되었습니다. 하지만 최근 몇 년 동안 학교 현장을 지켜보았을 때 예전처럼 큰 목소리로 호통을 치는 선생님들이 사라졌다는 생각이 듭니다. 새내기 교사도 다정하게 학생에게 다가가거나 야단을 칠 때 논리적으로 설득하는 쪽이 늘어나고 있습니다.

구시대적인 지도 방식에 익숙해진 베테랑 교사는 '저 선생님은 학생들에게 엄격하게 말하지 못해서 안 된다'라고 뒤에서 이야기하고 싶을 수도 있습니다. 하지만 저는 목소리를 크게 내지 않고 학생과 함께 나아가려는 교사가 요즘 학생들에게 필요하다고 생각합니다.

사실 학생과 신뢰 관계를 쌓고 자율적인 학생을 육성하는 것은 곁에 서 있어주는 반주형 교사인 경우가 많습니다.

이런 것들을 보면 알 수 있듯이 중요한 것은 교사 한 사람 한 사람의 개성을 살리면서 새내기 교사의 특성에 맞는 대책을 제안하고, 학생을 대하는 방식을 선배 교사와 함께 생각해가는 것입니다.

생활 지도, 어떻게 하면 좋을까?

새내기 교사의 속마음

훌쩍훌쩍…. 또 생활안전 부장님에게 주의를 받았어.
"지금 이대로 지도를 하면 학생들이 점점 말을 듣지 않을 겁니다"라고….

도대체 '생활 지도'라는 것은 무엇을 하는 것일까?
학생들이 내 말을 따르게 하는 걸까? 학생들을 야단치는 걸까? 아직도 잘 모르겠어.

학생들과 같은 시선으로 함께 생각해나가고 싶을 뿐인데.
엄격한 면이 부족한 걸까….
생활 지도 담당 선생님처럼 단호하게 말해야 하는 걸까?
좀 더 학생들이 투덜거리는 것을 잘 들어주어야 하는 걸까?
왠지 생각했던 것과 다르다.
어떻게 하면 좋을까….

◆ 도대체 '생활 지도'란 무엇인가?

현장에 있는 선생님들에게 "생활 지도란 무엇인가요?"라고 묻는다면 아마도 그 대답은 제각각일 것입니다.

'학습 지도 이외의 모든 지도', '생활 측면의 지도'라고 생각하는 사람도 있지만 '살아가는 방식을 가르쳐 주는 것', '학생이 학교에서 안심하고 안전하게 지낼 수 있게 하기 위한 지도', '인격 형성을 위해 도움이 되는 것'이라고 생각하는 사람도 있을 것입니다. 모두 '이해가 간다'고 생각되는 대답뿐입니다.

'생활 지도'의 정의는 학습 지도 요령에 명기되어 있지 않습니다. 과거에는 '교과 외의 지도'라는 영역으로 규정된 적도 있었지만, 현재는 '생활 지도'라는 용어만 남아 있을 뿐 그 개념이 명확하지 않고 교사들 사이에서도 통일된 해석이 공유되지 않고 있는 상황입니다. 이런 상황에서 중학교 현장을 보면, '생활 지도'라는 이름 아래 의미를 잃은 교칙을 지키게 하거나 목적이 불분명한 활동을 하는 경우가 많습니다. 이러한 현상은 반드시 검토해야 할 문제입니다.

최근에는 '불합리한 교칙' 등으로 지적되어 개선하고자 하는 움직임도 생겨나고 있지만 애초에 '왜 이런 것을 지도해야 하나?', '생활 지도란 무엇인가?'라는 의문을 품는 교사도 적지 않다고 합니다.

◆ '목적'으로 돌아간다

앞서 소개한 새내기 교사는 '생활 지도를 제대로 하지 못한다'라며 걱정을 하는데요. 과연 그럴 필요가 있을까요? 제 대답은 '아니다'입니다. 생각해야 할 것은 학생들이 안고 있는 과제와 '목적'을 다시 검토하는 것입니다. 무언가 구체적인 문제점이 있다면 새내기 교사와 함께 다음의 내용을 점검해야 합니다.

· '무엇을 위해' 지도를 하는 건가, 과제는? 목적은? 어떤 학생으로 키우고 싶은가?
· 그러기 위해 학생들에게 어떤 '수단'이나 '지원'이 필요했을까?

◆ '무엇을 위해' 생활 지도를 할까?

생활 지도의 목적을 생각하기에 앞서 먼저 교육의 목적을 확인할 필요가 있습니다. 교육의 목적은 간단히 말하면 '인격의 완성을 목표로 사회에 기여할 수 있는 사람으로 키운다'라는 것입니다.

교육 기본법은 다음과 같이 규정하고 있습니다.

(교육의 목적)

제 1조) 교육은 인격의 완성을 목표로 합니다. 평화롭고 민주적인 국가와 사회를 형성하는 사람으로서 필요한 자질을 갖춘, 몸과 마음이 건강한 국민을 육성하기 위해서 하는 것이 교육입니다.[1]

여기서 말하는 '사회'는 '지속 가능한 발전 목표(SDGs)'에서 세계 공통 목표로 거론되는 '누구 한 사람도 뒤처지지 않는 지속 가능한 사회'를 뜻합니다. 그런 사회를 만들 수 있는 어른으로 키우는 것을 목표로, 우리 교사는 학생들에게 어떤 교육을 준비하고 지원해야 할지 생각할 필요가 있습니다.

학교와 지역의 실태와 사정도 있기 때문에 일률적으로 '이런 생활 지도가 필요하다', '이런 지도는 필요 없다'라고 규정할 수는 없습니다. 교칙이나 규칙에 대해서도 마찬가지라고 말할 수 있습니다. 저는 절대로 '생활 지도 같은 건 못해도 된다'라고 말하고 싶은 것도 '규칙 따위 필요 없다'라고 말하고 싶은 것도 아닙니다.

중요한 것은 명백하게 목적을 잃어버렸다거나 근거나 이유를 아무도 설명할 수 없는 규칙을 따르게 하는 생활 지도는 다시 점

---

1. 일본의 [교육 기본법]입니다. 우리나라의 교육 이념에 관한 내용은 다음과 같습니다. [교육 기본법] 제 2조) 교육은 홍익인간(弘益人間)의 이념 아래 모든 국민으로 하여금 인격을 도야(陶冶)하고 자주적 생활능력과 민주시민으로서 필요한 자질을 갖추게 함으로써 인간다운 삶을 영위하게 하고 민주국가의 발전과 인류공영(人類共榮)의 이상을 실현하는 데에 이바지하게 함을 목적으로 한다.

검해야 한다는 점입니다. 그때 '왜 그런 것들이 필요한가?'라는 단계부터 학생들과 함께 생각해야 합니다.

◆ '야단치기'보다 중요한 것

많은 새내기 교사가 떠안고 있는 고민 중에 '야단치는 방법을 모르겠다', '칭찬하는 것이 서툴다'라는 것이 있습니다. 기술적인 것을 알려주는 노하우 서적은 꽤 있지만 그런 책에 의지하기 전에 생각해 볼 점이 있습니다. 그것은 먼저 **'그 학생이 어떻게 하고 싶다고 생각하는지 파악하는 것'**입니다.

특히 새내기 교사의 경우 학생과의 신뢰 관계가 부족하기 때문에 무턱대고 야단치거나 아무 생각 없이 칭찬했다가 역효과가 나기도 합니다. 그렇게 되지 않으려면 학생을 이해하는 것부터 시작하는 것이 중요합니다. "어떻게 하고 싶어?", "무엇이 하고 싶은데?" 등 직접 물어보면서 그 학생에게 계속 다가가야 합니다.

저는 예전의 제 모습에 대해 반성하는 의미도 담아서 말하고 싶습니다. 새내기 교사는 부디 '야단치는 방식'만을 따라 해서 학생들에게 신뢰를 잃는 교사는 되지 않기를 바랍니다.

학부모가 나한테 편지를 보내왔다!

새내기 교사의 속마음

아침에 학생을 통해 편지를 받았다. 학부모가 보낸 편지였어. 가슴이 철렁했지. 좋은 내용의 편지라면 기쁘겠지만 그렇지 않은 경우가 더 많기 때문이다.

편지를 읽었어. 지난주 생활 지도에 대한 의견이 쓰여 있었어.
"선생님의 지도가 우리 아이에게는 맞지 않는다고 생각합니다. 우리 아이는 '언제나 자기만 주의를 들어서 힘들다'라고 합니다"라고 되어 있었어. 이야기를 듣고 보니 확실히 나의 지도 방식도 서툴렀는지도 모르지만 흐음, 알쏭달쏭하네.

이 편지를 어떻게 해야 할까…. 학년 부장님께 상담을 받는 편이 좋을까. 다른 선생님들에게는 이런 항의가 들어오지 않는다고 하는데 왜 나에게만 오는 걸까. 될 수 있으면 이 편지는 보여주고 싶지 않다.

이런 편지를 받아도 열심히 생활 지도를 할 예정이지만…. 왜 학생들에게는 내 마음이 전달되지 않는 걸까.

◆ 중견 교사는 재판관이어서는 안 된다

학부모가 항의할 때뿐만 아니라 새내기 교사와 관련된 상황에서도 중견 교사가 그 자리에서 섣불리 판단을 내리는 것은 피해야 합니다. 설사 학부모의 항의 내용이 사실일지라도, "선생님이 잘못하셨네요!"라고 즉시 비난하는 것은 적절하지 않습니다. 이런 태도는 새내기 교사를 궁지에 몰아넣어 무력감을 키울 뿐만 아니라 문제 해결에도 도움이 되지 않습니다. 반대로, "그 학부모는 너무 심하다"거나 "잘못한 쪽은 학생이다"라는 식의 편파적인 발언도 상황을 악화시키고 새내기 교사의 성장을 방해할 수 있습니다.

확실히 항의 중에는 터무니없이 불합리한 요구도 있습니다. 하지만 학부모나 학생이 '그런 감정을 갖게 된 원인'을 새내기 교사가 제공한 경우도 있다는 것이 사실입니다. 분명히 새내기 교사도 '일을 저질렀다'라는 부담을 느끼고 있을 것입니다.

여기서 중요한 점은 새내기 교사가 '긍정적으로 받아들일 수 있도록 돕는 것'입니다. 새내기 교사를 긍정적으로 만들기 위해서는 설령 **'항의가 들어오는 것도 당연하다'라고 생각되는 안건이라고 해도 꾹 참고 일단은 곁에서 이야기를 들어주는 것**이 중요합니다.

◆ 학부모에게 '조언을 듣는다'라는 긍정적인 자세로 바꾸도록 만든다

그렇다면 구체적으로 어떻게 하면 좋을까요? 먼저 **'부정하지 않는다'라는 기술을 익혀야 합니다.**

예를 들어 새내기 교사에게 이야기를 들을 때 선배 교사는 "그렇군요. 학부모님이 그렇게 말했군요", "선생님은 그렇게 생각하는군요"라고 앵무새처럼 말을 되풀이하면서 귀를 기울여주고 어느 쪽 의견도 부정하지 않도록 합니다. 다음에 새내기 교사에게 이야기를 듣고 나서 학부모와 학생, 교사의 공통 '목적'을 확인해 나갑니다.

학부모는 최종적으로 무엇을 바라고 있는가, 교사는 무엇을 바라고 있는가, 서로 최종적인 목표 지점을 찾아가는 것입니다.

이런 관점을 갖고 있으면 같은 항의를 듣더라도 '싫은 이야기를 들었다'라고 도망치는 자세에서 학부모에게 '조언을 듣는다'라는 긍정적인 자세로 바꿀 수 있게 됩니다. 중견 교사는 객관적인 상황에서 "양쪽 다 이런 걸 바라고 있다고 생각합니다"라고 객관적으로 정리해 주면 좋을 것입니다.

◆ '사실'과 '해석'을 구분한다

다음에 필요한 것은 **'사실과 해석을 구분한다'**라는 것입니다. 최종적인 목표를 명확히 해서 새내기 교사에게 들었던 내용, 학부모에게 들었던 내용을 통합해서 '이것은 사실이다', '이 부분은 학부모 개인적인 해석이다'라고 구분해나갈 수 있습니다.

예를 들어 "A 군이 종종 폭언을 하는 것은 사실이지요?", "'선생님의 지도가 우리 아이와 안 맞아요'라는 것은 학부모의 해석이지요"와 같은 식입니다. 이렇게 구분하면 어디가 핵심인지 명확해지고 새내기 교사도 냉정하게 받아들일 수 있게 됩니다.

항의에 대응할 때 '사실'인 것은 성실하게 받아들입니다. 그리고 개인의 '해석'에 대해서는 너무 심각하게 받아들이지 않도록 합니다. 그렇게 하는 것이 몸과 마음이 건강해질 수 있어서 좋다고 생각합니다. '적당히 흘려보내는 힘'이라고 하면 좋을 것 같습니다. 새내기 교사도 이런 자세로 '사실'과 '해석'을 구분하는 것이 좋다고 생각합니다.

◆ '내일은 웃는 얼굴'을 그려볼 수 있도록 한다

항의를 받은 과거는 바꿀 수 없습니다. 끙끙 앓고 한숨 지어봤자 아무 소용도 없습니다. 그러나 미래는 바꿀 수 있습니다. 항의를 받게 되면 그 순간 새내기 교사는 '맹렬한 반성 모드' 또는 '분노 모드'가 될 때가 많이 있습니다. 하지만 **정말로 에너지를 쏟아야 할 것은 '다음에 어떻게 하는가'** 입니다. 중견 교사는 새내기 교사와 함께 '앞으로 어떻게 상황을 개선해나갈지'를 생각합니다.

신경을 썼으면 하는 점은 새내기 교사가 '내일 빠지지 않고 학교에 출근할 수 있을까', '내일 웃는 얼굴로 학생들 앞에 설 수 있을까' 입니다. 조금 시간이 걸릴 수도 있지만 '내일은 웃는 얼굴'을 그려볼 수 있도록 구체적인 방법을 생각해봅니다.

◆ 역시 마지막은 '팀 대응'

목표와 해결 방안이 명확해지면, 관리직 교사와 동료 교사들이 함께 '연대하여 대응'합니다. 중견 교사는 동료 교사와 학부모에게 새내기 교사도 '목적을 향해 개선하려 노력한다'는 사실을 알리도록 합니다.

소동이 무사히 마무리되고 상황이 안정되면, 새내기 교사와 함께 냉정하게 상황을 되돌아보시기 바랍니다.

어떻게 하면 교무실 분위기에 익숙해질 수 있을까?

새내기 교사의 속마음

아~ 또 시작됐다…. 잡담.
선생님들이 교무실에서 나누는 잡담에는 왠지 끼어들기가 힘들다. 이야기에 끼어들 타이밍도 잡지 못하겠고 거리감도 느껴진다.

어쨌든 이야기 틈에 끼어들지 못하는 게 마음이 불편해서….
선배님이 신경을 써주어서 "선생님도 같이 이야기해요~"라고 말해주지만 나는 그렇게 붙임성이 좋은 것도 아니고.
솔직히 말하면 오늘 제대로 하지 못했던 생활 지도에 대해 다른 선생님들에게 상담을 받고 싶었다. 하지만 어떻게 말을 꺼내면 좋을지도 모르겠다.

이렇게 초보적인 생활 지도조차 제대로 못하는 건 분명히 나뿐일 거야….
그래서 더더욱 상담하기가 힘들다.
이럴 때 가볍게 이야기를 나누거나 불만을 털어놓을 수 있는 동기가 있으면 참 좋을 텐데.

어떻게 하면 교무실에서 내가 마음 편하게 머물 수 있을까?

◆ 말하지 않은 채 고민하는 사람이 많다

새내기 교사뿐만 아니라 선배 교사 중에도 잡담을 꺼리는 사람이 의외로 많이 있습니다. 앞서 이야기한 새내기 교사처럼 잡담에 끼어들지 못함으로써 소외감이나 고립감을 느끼는 경우가 종종 있습니다. 사실은 '신경 쓰지 않아도 되는 것'이 분명하지만 왜인지 신경을 쓰게 되는 것이 바로 고민입니다. 특히 동기나 같은 세대 동료가 없는 새내기 교사일수록 교무실에서 불편한 마음을 갖기 쉽습니다.

◆ '첫 번째 지지자'가 된다

새내기 교사들의 이야기를 들어보면 '동기가 없다'는 것은 우리가 상상하는 것 이상으로 쓸쓸한 것 같습니다. 그렇기 때문에 **"동기가 없어서 힘들지 않아요?", "주변에 선배님만 있어서 신경 쓰이고 피곤하겠네요", "힘들 때 무슨 말이든 해요!"**라고 말을 걸어주면 새내기 교사는 기분이 확 좋아져서 조금은 마음 둘 곳이 생길 것입니다.

예전에는 저도 '어른들과 대화하는 것이 힘들다'라며 고민했던 시기가 있었습니다. 어느 순간 무심코 툭, 하고 그런 고민을 중얼거리고 있었더니 선배 교사가 이런 말을 건넸습니다.

"여러 사람으로 늘어나도 기본은 1대 1 관계가 모인 거예요. 1대 1 관계를 만들어서 이야기를 나누면 괜찮답니다."

확실히 그렇다는 생각이 들어서 마음이 훨씬 가벼워졌던 기억이 있습니다.

새내기 교사가 필요로 하는 것은 '첫 번째 지지자'입니다. 단 한 사람이라도 자신의 마음을 대신 표현해 주거나 고민을 공감해주며 다가와 주는 사람이 있다면 '나는 괜찮아'라는 마음이 될 수 있습니다. 원래는 동기나 동세대 교사가 함께 성장해나가는 것이 이상적이지만 그렇지 않은 경우에는 중견 교사가 그 역할을 맡는 것이 좋다고 생각합니다.

◆ '1대 1 면담' 시간을 만든다

소극적이고 말수가 적은 편인 새내기 교사에게는 정기적으로 '1대 1 면담' 시간을 만들어서 이야기하는 것도 한 가지 방법입니다. 한 달에 한 번, 5분 정도라도 괜찮습니다. 자신이 먼저 말을 걸기 어려워하는 새내기 교사일수록 효과가 있습니다. 선배 교사가 "시간이 있으니까 뭐든지 물어봐도 좋아요"라고 말하기만 해도 새내기 교사는 정신적으로 편안해지고 여유가 생깁니다.

'1대 1 면담'을 성공시키는 비결은 선배 교사 자신이 **이야기하고 싶은 기분을 꾹 누르고 '철저하게 들어준다'**는 것입니다. 교사 중에는 자기가 말하고 싶어하는 사람이 많이 있습니다. 하지만 1대 1 면담은 설교나 강의 시간이 되지 않도록 하고 새내기 교사가 진심을 털어놓을 수 있는 기회가 되는 것이 좋습니다.

◆ 잡담의 목적은 '업무 이야기를 하기 쉽게 하는 것'

교무실에서 나누는 잡담의 중요도도 그 목적에 따라 각각 다릅니다. '이야기하기 쉬운 관계를 만들기 위해서 평소에 소통하는 것'을 목적으로 할 때도 있고, 학생 정보 공유나 일과 관련된 대화를 목적으로 할 때도 있을 것입니다.

일반 회사의 사원 교육에서는 '보고, 연락, 상담'보다 '잡담, 상담'이 중요하다고 하는 회사도 있다고 합니다. 교육 현장에서는 학생의 정보를 올바르게 공유할 필요가 있기 때문에 '보고, 연락, 잡담, 상담'이 빠질 수 없지만 그 목적은 모두 **'일을 할 때 필요한 것을 적절한 타이밍에 이야기하기 쉬운 관계로 만들기 위해서'** 입니다. 다시 말해 '잡담'이든 무엇이든 그 목적을 이루면 되는 것입니다.

고민하고 있는 새내기 교사에게는 이런 단순한 목적으로 돌아가게 해서 '사이좋게 지내야 하는데', '이야기를 해야 하는데' 등과 같은 부담을 최소한으로 줄여주는 것이 좋겠습니다.

◆ 과도한 잡담은 오히려 부담이 될 수도

하지만 반대의 경우도 있습니다. 선배 교사들의 과도한 잡담 때문에 오히려 부담을 느끼는 새내기 교사의 경우입니다.

교무실에 있는 몇몇 교사는 '이야기하는 걸 좋아하는 사람', '이야기를 시작하면 멈추지 않는 사람'입니다. 자리가 떠들썩해서 고맙다고 생각하는 사람도 있지만 작업에 집중하고 싶은 사람에게는 잡담이 동기를 떨어뜨리는 원인이 되어버릴 때도 있습니다.

새내기 교사와 직접 대화를 나누는 경우 선배 교사는 '괜찮겠지' 하고 말을 건네지만 새내기 교사는 속으로 '이 이야기는 언제까지 계속 될까…', '빨리 집에 돌아가고 싶은데'라고 생각하기도 합니다. '저 선생님에게 잡히면 이야기가 길어져'라고 생각하지 않도록 주의해야 합니다.

선배 교사에게
부탁받은 일은 거절 못하겠어

새내기 교사의 속마음

"이거, 내일까지 프린트해 줄래요?"
"미안하지만 이번에 전학을 가는 학생 생활기록부를 복사해서 준비해주었으면 하는데 괜찮겠어요?"
"내일 출장을 가는데 저 대신에 우리 반 학급 회의 좀 봐줄 수 있을까요?"

그 중에는 "이 일이 끝나면 프린트 좀 부탁할게요. 그런데 아직 마무리가 안 되었으니까 잠깐 기다려줄래요?"라고 붙잡아두고 이용하는 선배님도 있다.

처음에는 일을 빨리 배우고 싶다는 마음 하나로 무슨 일이든 적극적으로 맡아서 했다. 하지만 요즘 너무 바빠서 조금 괴롭다.
일 하나하나는 사소해 보이지만 처리하려면 의외로 시간이 많이 든다.
지금 맡은 일을 끝낼 때까지 가능하면 새로운 일은 거절하고 싶다.
하지만 선배님의 부탁에 "안 돼요"라고 말하지 못한다. 정말 힘들다….
솔직히 내 수업 준비를 위해 좀 더 시간을 쓰고 싶은데….

◆ 상하관계 그 자체는 중요하지만…

 학교나 지역에 따라 다르다고 생각하지만 교사 세계에서는 '관리직 교사는 체육 교사가 많이 맡는다'라는 이야기가 있었습니다. 그래서 그런지 아직도 관리직에는 체육부 분위기가 남아 있다는 말을 들을 때가 있습니다.

 여기서 하고 싶은 말은 '체육부 분위기가 나쁘다'라는 것은 아닙니다. 다만 '선배 명령은 절대적이다', '가혹한 환경에서 견뎌내지 못하면 성장할 수 없다'라는 **극단적인 강인함이나 형식적인 관습을 꺼리는 새내기 교사가 많다**는 것이 현실입니다. 교직 현장은 새내기 교사의 말을 빌려서 표현하면 '밝고 활발한 성격'으로 의사소통 능력이 뛰어난 사람이 활약하기 쉬운 직장이라고 합니다. 그런 교사는 학생이나 동료 교사에게 받는 신뢰도 두터운 경우가 많습니다. 그래서인지 교무실을 둘러보면 좋든 싫든 목소리가 크고 기가 센 사람이 있는 것 같습니다.

 이런 상황에서 자신은 이른바 '소극적이고 내향적인 성격'이라고 느끼며 조심스럽게 행동하는 새내기 교사는 자신의 의견을 주장하는 타이밍을 좀처럼 잡지 못하고 '저 사람에게 부탁을 받으면 거절하기 어렵다', '좀 더 확실하게 자기 주장을 할 수 있었으면 좋겠다'라는 고민을 안고 있습니다.

더욱이 '초임 교사', '새내기 교사'라는 사실만으로 '선배 교사에게 안 된다고 말해서는 안 된다', '선배 교사의 지시를 듣는 것이 당연하다'라는 체육부 분위기에 휩쓸려 계속 무리를 하게 되는 사람도 적지 않기 때문입니다.

물론 업무상 상황과 역할, 사회인으로서 최소한의 예절을 갖추고 행동해야 하는 것은 중요합니다. 하지만 중견 교사가 보기에도 '무언가 괴로워 보인다', '언제나 등 떠밀리는 처지에 놓여 있구나'라며 딱하게 보일 때는 어떻게든 도움을 줄 필요가 있다고 생각합니다.

◆ 중요한 것은 새내기 교사가 '앞으로 나아갈 수 있는가'

중요한 것은 그 일을 맡김으로써 '새내기 교사가 앞으로 나아갈 수 있는지 여부'입니다. 언뜻 잡무처럼 보이는 일이라도 뚜렷한 목적을 가지고 있어 의미 있는 경험이 될 수 있지만, 그저 업무 부담으로만 여겨지는 경우도 있습니다.

어쨌든 새내기 교사가 그 일의 '목적'이나 '보람'을 느끼지 못한다면 어떤 일이라도 '부담'으로만 느낄 것입니다. 그래서 중견 교사로서는 새내기 교사가 **'앞으로 나아가는 일을 할 수 있는지**

없는지'를 파악하고 대응할 수 있으면 좋을 것입니다.

◆ 새내기 교사의 업무 상황을 대신 알려준다

앞서 소개한 새내기 교사처럼 일이 한꺼번에 너무 많아서 곤란해하는 경우에는 새내기 교사의 업무 상황을 대신 알려주는 것도 좋을 것 같습니다. 예를 들면 이런 식입니다.

"선생님, 새내기 교사는 다른 일을 부탁받은 상태이고 지금은 여러 업무를 맡고 있다고 합니다. 그러니까 이 일은 다른 선생님에게 맡기는 편이 좋을지도 모르겠습니다."

"지금 새내기 교사는 교감 선생님에게 부탁받은 급한 일을 처리하고 있으니까 이 일까지 부탁 받으면 너무 힘들어할 것 같습니다."

물론 새내기 교사가 자신의 입으로 업무 상황을 전달할 수 있다면 선배 교사는 정황을 지켜보는 것에서 그치는 것이 좋습니다.

평소부터 새내기 교사의 업무 상황을 잘 관찰하여 적절한 순간에 도움을 줄 수 있다면, 새내기 교사는 '이 선배님에게는 내 상황을 정확히 전달해 두는 것이 안심이 되겠다'라는 마음이 생깁니다. 그 결과 선배 교사는 이후 새내기 교사와 업무를 더 쉽게 공유할 수 있게 됩니다.

◆ 최악의 상황에 중견 교사가 대타로

'또 새내기 교사에게 잡일을 시키네…', '일이 쌓여서 큰일 났네'라는 생각이 들 때 중견 교사가 나서서 대타를 자처하는 것도 한 가지 방법입니다. 예를 들면 **"최근에 새내기 선생님이 수업 준비도 미처 다 못해서 힘들어 보이는데 괜찮으면 제가 대신 그 일을 해드리겠습니다!", "그건 누가 해도 좋은 일입니다. 제가 해도 될까요?"**라는 식입니다.

비결은 의뢰한 교사와 새내기 교사 사이에 '끼어드는 것'입니다. 그렇게 함으로써 새내기 교사에게는 '도와줘서 고맙다!'라는 마음을 갖게 하는 동시에 의뢰한 교사에게는 '이 정도 일은 새내기 교사에게 안 시켜도 되잖아요…', '굳이 새내기 교사에게 일을 맡길 이유가 있다면 설명해주세요'라는 무언의 메시지를 보내게 되는 것입니다. 하지만 이것은 어디까지나 평소에 지나치게 열심히 하느라 시간이 없어서 고민하는 새내기 교사를 위한 도움의 손길입니다. 게으름을 피우는 습성이 있는 새내기 교사에게 이렇게 해주면 역효과가 나기 때문에 주의할 필요가 있습니다.

빨리 집에 가는 것도, 쉬는 것도 공포

새내기 교사의 속마음

오늘은 일정이 있어서 정시에 퇴근하고 선배님들보다 먼저 나왔다.
그렇게 하겠다고 미리 이야기했기 때문에 교무실에 다 들리게 "먼저 가겠습니다"라고 인사를 하고 나가는데 "수고했어요"라고 답해준 사람은 교감 선생님뿐이었다. 그것도 고개를 안 드시고…. 바빠서 그런지 같은 학년 선생님들은 아무 말도 하지 않았다….

일에만 집중하고 있어서 그런 걸까.
아니면 내가 일찍 가서 화가 난 걸까.

그러고 보니 같은 교과 선생님이 몸 상태가 안 좋아서 한동안 쉬었을 때 A 선생님이 "몸 상태가 안 좋아서 그런 거라 뭐라고 할 수도 없지만 빨리 돌아왔으면 좋겠어요. 우리도 매일 바빠서 힘든데요"라고 투덜거렸어.
겉으로는 "최대한 빨리 집으로 가요", "몸 상태가 나쁠 때는 무리하지 말고 쉬어요"라고 말해주지만 집으로 빨리 가는 것도 쉬는 것도 별로 좋지 않게 생각하는 것 같아.

◆ 무언의 대응은 압력이 된다

 학교 현장이 정신없이 바쁘게 돌아간다는 것은 다들 알고 있을 것입니다. 방과 후에 학생이 학교에 남아 있고, 수업 외의 업무도 많기 때문에 대부분의 교사가 초과 근무를 해야 하는 것이 현실입니다. 한편 새내기 교사들은 '어, 정시에 퇴근을 해야 하지 않나?', '이게 정말로 남아서까지 처리해야 할 일인가'라는 찜찜한 마음을 갖게 됩니다.

 예전 방식으로 '퇴근할 시간이 지나도 일이 끝날 때까지 일하는 것이 당연하다', '휴일에 출근하는 것도 어쩔 수 없다'라고 말을 하는 베테랑 교사와 노동자의 권리를 당연하게 주장하는 새내기 교사. 서로 태어나고 자란 환경이나 시대가 다르기 때문에 일에 대한 감각이 다른 것은 당연합니다. 만약에 베테랑 교사와 새내기 교사 사이에 갈등이 깊어지면 현장에 실망하는 새내기 교사나 고통과 고민을 안고 일하는 새내기 교사가 늘어나게 될 것입니다.

 최근에는 시간 외 근무를 강요하는 베테랑 교사는 줄어들었지만 빨리 돌아가려고 하는 교사에게 불쾌한 표정을 감추지 못하는 사람이 아직도 있는 것 같습니다. 세심하고 주변에 신경을 쓰는 새내기 교사일수록 그런 무언의 메시지에 민감하게 반응하여 위축됩니다. 그리고 이런 이야기도 들었습니다. 새내기 교사가 건강 상태가 안 좋아서 결근을 한다는 연락을 했을 때 "괜찮아요?" 하고 몸 상태를 신경 써주기보다 먼저 "수업 자습 과제는 준비해놨어요?", "무엇을 시키면 좋을까요?"라고 연달아 질문을 받았다고 합니다. 이래서는 '결근하면 피해를 주잖아'라고 압력을 주게 되는 것입니다. 새내기 교사로서는 '몸이 안 좋아서 쉬는 건데도 받아들여지지 않나 보다…'라고 생각하게 되는 것입니다.

이상적인 것은 교사가 일하는 방식의 개혁을 근본적인 부분부터 실현하는 것입니다. 하지만 안타깝게도 아직 이상과 현실 사이에는 큰 격차가 있습니다. 현재 상황을 슬프다고만 생각하지 말고 현실에 맞는 실용적인 제안을 해보겠습니다.

◆ 마음이 한결 가벼워지는 한 마디

정시에 퇴근하거나 어떤 이유로 일찍 돌아갈 때 저는 선배 교사에게 이런 말을 듣고 마음이 한결 가벼워졌던 적이 있습니다.

"원래 정시 퇴근하는 게 당연하잖아요~!"

"아무것도 신경 쓰지 않아도 좋아요. 힘들 때 서로 돕는 게 좋지요. 저도 편하게 도움을 받겠습니다."

"수고했어요! 벌써 퇴근할 시간이네요. 다들 어서 돌아갑시다! (주변 사람들에게도 가자고 한다)"

'바쁘다'라는 뜻의 한자인 '망(忙)'은 '마음 심(心) 변'에 '망할 망(亡)'을 씁니다. 말하자면 '마음을 잃어버린'다는 의미입니다. 사람은 일에 쫓겨 너무 바쁘면 따뜻한 마음이나 배려하는 기분을 갖지 못하게 됩니다.

앞서 소개한 새내기 교사의 경우에도 주변에 있는 선생님들이 아무런 악의도 없었을지도 모릅니다. 때때로 일이 너무 바빠서 '눈을 마주치고 수고했다고 말할 여유가 없었다', '업무에 집중하느라 알아채지 못했다'라는 것뿐일지도 모릅니다. 하지만 무언의 대응에 대해 워낙 섬세한 새내기 교사는 '무언가 내가 잘못한 걸까'라고 주춤거리며, 홀가분하게 퇴근하지 못합니다. 아무리 바쁘더라도 "수고했어요!"라는 한 마디를 하는 정도의 여유는 갖는 것이 좋습니다.

◆ '시대의 탓'으로 돌린다

'근무 시간이 아니더라도 학생들을 위해서라면 일을 하는 수

밖에 없다'라는 기분으로 힘든 노동 환경을 견뎌내며 학생들을 최우선으로 생각하고 노력하는 베테랑 교사일수록 자신의 가치관을 새내기 교사에게 강요하기 쉬워집니다.

그 중에는 근무 시간을 넘겨도 상관하지 않고 급한 일이나 학생들에 대한 대응뿐만 아니라 학부모 대응까지 지시하는 관리직 교사도 있습니다. 물론 학생들을 우선해서 움직이는 것은 중요하지만 새내기 교사가 무너지면 학생들도 제대로 교육받을 수 없습니다. 만약 교무실에서 그런 광경을 목격한다면 선배 교사는 옆에서 도와줘야 합니다. 베테랑 교사에게 말할 때는 '시대의 탓'으로 돌리는 것이 반감을 사지 않습니다.

"선생님~ 이제 시대가 달라졌습니다. 요즘 시대에는 그렇게 하면 다양한 문제가 발생하게 됩니다. 이 일은 내일 처리하지 않으시겠어요?"

문제의 대상을 '시대' 탓으로 돌리면 베테랑 선생님은 '음, 어쩔 수 없군' 하는 심정이 될 것입니다. 굳이 가시 돋친 말을 하지 않고도 선배 교사는 하고 싶은 말을 전달할 수 있습니다. 이런 전달 방식은 의외로 여러 가지 상황에서 사용할 수 있기 때문에 꼭 응용해보기 바랍니다.

그리고 만약 새내기 교사가 빨리 돌아가야 하는 날이라면 "괜찮아요. 어떻게든 내가 해볼 테니까 걱정은 나중에 해요"라고 기분 좋게 보내주는 선배 교사로 있는 것이 바람직하겠습니다.

PART **2**

조금 익숙해져서 오히려 고민하는 2~3년 차 '새내기 교사'

'2년 차니까'라는 속박

새내기 교사의 속마음

교사 생활도 2년 차로 접어들었어.
1년 차에는 엄청 힘들었지만 주위에서 도와주어서 간신히 지금까지 계속할 수 있었지. 그러고 보니 얼마 전에 선배님이 이렇게 말했어.

"주위에서 뭐든지 도와주는 건 초임 교사일 때뿐이야."
"'이제 2년 차니까'라는 말을 듣게 될 거야."

실제로 2년 차가 되어보니 알겠다.
정말로 그렇다.
"2년 차니까 ○○선생님에게는 맡겨도 되겠어"라고.
무슨 일을 하든 "2년 차니까"라는 말이 덧붙는다.
기대를 한 몸에 받는다는 것일 수도 있다. 하지만 솔직히 1년 차일 때는 눈앞에 놓인 일에 필사적으로 매달릴 뿐, 일의 방식 같은 것은 기억하지도 못한다.
아직도 모르는 것투성이다. 불안한 것도 많고.

2년 차에는 어떻게 하는 것이 좋을까.

◆ 1년 차에는 없었던 일이 다가온다

어쨌든 처음 부임하고 나서는 다양한 상황에서 여러 가지 배려를 받게 됩니다. 왜냐하면 초임 교사 연수가 끝날 때까지 1년 동안은 '조건부 채용'이라는 처지로 '수습 기간' 같은 기간이기 때문입니다. 담임을 맡는 경우에도 비교적 이끌어가기 쉬운 반이거나 간단한 작업을 분담하도록 해줍니다.

하지만 정식으로 채용이 확정되는 2년 차부터는 이야기가 달라집니다. '2년 차니까 좀 더 잘해보자'는 기대감으로 동아리 운영 업무를 맡거나 문제가 많은 반을 담당하게 됩니다. 심지어 부장 업무까지 맡는 경우도 생깁니다. 그리고 초임 때만큼의 전폭적인 지지는 받지 못하게 됩니다.

여기서 운명의 갈림길이 나타납니다. 2년 차부터는 일이 점점 더 재밌어진다고 생각하는 교사도 있지만 완전히 지쳐서 교육 현장을 떠나는 교사도 있습니다. 이렇게 명암이 엇갈리는 요인 중 하나로는 '2년 차에도 주위의 도움을 받을 수 있느냐 없느냐'가 있습니다.

교육 현장은 늘 바쁩니다. 2년 차 이상인 교사를 전폭적으로 지지해 줄 여유가 없는 것도 당연하다고 생각합니다. 하지만 그렇다고 신경 쓰지 않고 지원을 소홀히 하면 퇴직자나 휴직자가 더 늘어날 것입니다. 그러면 인력 부족으로 학교 교육 자체가 위태로워집니다.

◆ 방치되기 쉬운 2년 차야말로 '1대 1 면담'을

1장에서 추천한 '1대 1 면담'이야말로 2년 차 교사에게 시도해보면 좋은 방법입니다. 앞서 이야기했듯이 2년 차가 되면 처음 부임했을 때와 비교했을 때 주위에서 신경 써주는 기회가 크게 줄어들어버리기 때문입니다. 그리고 새내기 교사의 성격에 따라서는 불필요하게 부담을 느끼기도 합니다. '2년 차니까 상담하기 어렵다…', '처음 부임했을 때와 다르기 때문에 이 정도는 스스로 해결해야 한다…'라고 생각하며 문제를 혼자 안고 있는 경우가 생깁니다.

그럴 때 단지 5분이라고 해도 정기적으로 '1대 1 면담' 시간을 확보하면 새내기 교사의 생각이나 고민거리를 공유하기 쉬워집니다. 그 중에는 '이제 2년 차니까 선배와 나누는 면담 시간 따위 필요없다', '시간이 아깝다'라고 생각하는 새내기 교사도 있을 수 있습니다. 딱히 할 이야기가 없다면 취미 등 잡담을 하는 것도 좋습니다.

중요한 점은 '2년 차 교사도 지원한다', '작년과 마찬가지로 무엇이든 이야기해도 괜찮다'라는 신호를 계속 보내는 것입니다. 거리에 있는 편의점과 같은 역할입니다. 매일 자주 이용하지는 않더라도 '필요한 것이 있으면 24시간 언제든지 사러 갈 수 있다'는 믿음이 있어서 필요할 때 언제든 찾아갈 수 있습니다.

만약 별다른 성과가 없더라도 크게 환영할 일입니다. 그러니까 꼭 '1대 1 면담'을 시도해보시기 바랍니다.

◆ 새내기 교사의 강점을 살린다

인재 육성에는 시간이 걸립니다. 애초에 '1년 만에 제몫을 한다'라고 생각하는 것이 잘못입니다. 모든 업계가 바로 전력으로 쓸 수 있는 인재를 원하지만 무슨 일이든 1년 동안 완벽하게 습득할 수는 없습니다. 조금이라도 일이 익숙해지면 '2년 차니까'라는 기대를 담아 격려하는 것이 필요한 경우도 있지만 과도한 기대는 금물입니다.

원래 '2년 차니까'라는 말은 새내기 교사와 중견 교사의 사고를 정지시키는 상투적인 말의 시작입니다.

× '2년 차니까 이 일을 맡겨보자'
× '2년 차니까 이 정도는 할 수 있겠지'

이런 발상이 아니라

○ '△△가 특기로 능력을 발휘할 수 있는 교사니까 이 일을 맡기고 싶다'
○ '작년에 이 일을 훌륭하게 해냈으니까 좀 더 발전했으면 좋겠다'

이런 발상으로 능력을 향상시킬 필요가 있습니다.

새내기 교사뿐만 아니라 누군가에게 일을 맡길 때에는 '교사 한 사람 한 사람이 갖고 있는 개성이나 강점, 경험을 제대로 파악해야 한다'는 것입니다. 그렇게 하면 상대도 '그런 이유로 맡긴다면 열심히 해봐야겠다'라고 높은 동기를 갖고 일에 몰두할 수 있을 것입니다.

◆ 선배의 '실패담'은 격려가 된다

새내기 교사에게 들은 바에 따르면 가장 고맙게 생각하는 것은 선배 교사가 자신의 '실패담'을 이야기해 줄 때였다고 합니다. 그동안 어떤 실패를 하고 어떻게 극복했는가, 자신의 실패담을 전해주는 것은 2년 차 이상의 새내기 교사에게 유용한 정보가 된다고 합니다. 때로는 '어느 정도 실패해보지 않으면 경험을 쌓을 수 없기 때문에 그때까지 자신이 아무것도 이야기해주지 않는다'라고 생각하는 엄격한 선배 교사도 있습니다. 하지만 이는 효과를 기대할 수 없을 뿐만 아니라 오히려 역효과가 납니다.

제가 새내기 교사였을 때도 옆자리 선생님의 실패담을 통해 많은 것을 배우고 용기를 얻었습니다. 특히 학생 지도와 학부모 대응 면에서 큰 도움이 되었습니다. 자신의 경험을 아끼지 않고 후배에게 전해주고 '실패하더라도 괜찮으니까 계속 도전해보자'라는 메시지를 전해주는 것이 좋습니다.

드디어 후배가 생기고 말았다…

※ 오른쪽에서 왼쪽으로 읽으세요.

새내기 교사의 속마음

우리 학교에 초임 교사가 왔다. 처음으로 생긴 후배다.
나이도 비슷해서 기쁘기도 하지만 조금 불안하기도 하다.
나보다 일을 잘하는 후배면 어떡하지.
주위에서 나랑 비교하고 그럴까….
내가 막내였던 게 마음 편했는데….
아직 제대로 해낼 수 있는 일도 별로 없는데….

어? 어쩌면 나도 후배 지도 같은 걸 해야 하는 걸까?
그런 건 무리야!
내가 해야 할 일만으로도 하나 가득인데….
나도 뭔가 할 수 있는 일이 있을까.

◆ '후배가 생겼다'는 것은 성장의 커다란 기회

직장에 따라서는 2년 차부터 후배 지도를 맡는 새내기 교사도 있습니다. 그렇지 않더라도 학생 봉사자, 교육 실습생에 대한 대응 등 다른 형태로 후배의 지도를 담당하는 상황도 있습니다.

저 역시 2년 차 무렵부터 "괜찮다면 실습생 지도안, 함께 검토해 봐도 좋을까요?", "실습생 상담을 잠깐 해줄래요?" 등 선배 교사에게 부탁을 받았습니다. 지금 생각해 보면 일부러 후배 지도를 해보게 하면서 제가 성장할 수 있는 기회를 준 것 같습니다. 학생들 역시 그렇습니다. 아래 학년이 입학해서 자신들이 '선배'라는 상황에 놓이면 빠르게 성장합니다. 2년 차 이상의 새내기 교사도 마찬가지입니다. 저는 지금까지 후배와의 교류를 통해 크게 달라진 교사를 많이 보았습니다.

새내기 교사에게 후배 지도를 담당하게 할 때 할 수 있는 조언은 단 하나입니다. 그것은 **"함께해보면 됩니다"**라고 전하는 것입니다. 그리고 **"무언가 곤란한 점이 있다면 언제든 상담하러 와도 돼요"**라는 한 마디를 덧붙이면 됩니다. 어쨌든 힘든 일은 생기기 마련입니다. 힘들 때는 언제든지 기댈 수 있다는 심리적 안전이 확보되어야 합니다. 그러고 나서 후배와 함께 과제를 해결하다 보면 혼자서는 알아채지 못했던 것을 깨닫게 되고 새로운 도전을 할 수 있게 됩니다.

◆ 2년 차 이상의 교사에게 필요한 힘

저는 2년 차 이상의 교사에게 필요한 힘은 다음의 두 가지라고 생각합니다.

> · 자신의 과제를 메타인지하는 힘
> · 문제 해결을 위해 생각하는 힘

이런 힘을 기르기 위해서 다음과 같은 부탁을 새내기 교사에게 합니다.
"실습생이 수업으로 힘들어하는 것 같으니까 함께 생각해 볼래요?"
새내기 교사와 그 후배들이 같은 시선으로 하나의 과제를 연구하면 이를 객관적으로 파악할 수 있습니다. 그러면 부족한 부분이나 개선점을 발견할 수 있게 됩니다. '하나의 과제를 함께 해결한다'라는 것은 눈앞에 있는 후배의 모습에 자신의 모습이 겹쳐지면서 자신의 과제를 객관적으로 볼 수 있기 때문입니다. 이

것이야말로 2년 차 이상의 교사에게 필요한 '자신의 과제를 메타인지하는 힘'과 '문제 해결을 위해 생각하는 힘'입니다. 후배를 지도함으로써 이런 힘이 생기는 속도는 훨씬 빨라집니다.

◆ 구체적인 수단은 제시하지 않는다

2년 차 이상의 새내기 교사에게 조언할 때 가장 중요한 점은 무엇을 해야 하는지 목표를 분명히 전달하는 것입니다. 예를 들어, '실습생에게 이렇게 지도했으면 좋겠다'라는 목표는 명확히 알려주되, '그 목표를 달성하기 위해 구체적으로 어떤 방법을 써라'와 같은 세부적인 실행 방법까지는 직접 제시하지 않습니다. 이렇게 하는 이유는 새내기 교사가 스스로 해결책을 생각하고 문제 해결 능력을 기를 수 있도록 돕기 위함입니다.

새내기 교사는 '함께한다'라는 미션이 주어진 시점에서 후배가 안고 있는 과제를 자신의 일로 받아들이려고 합니다. 이때 '이 과제를 자신들이 해결해야 한다'라는 주인의식이 생깁니다. 그렇게 되면 '그러기 위해서 자신이 할 수 있는 일은 무엇일까', '수업의 목적을 만드는 방법에 대해 가르쳐주면 될까…' 등 스스로 할 수 있을 것 같은 수단을 자신의 머리로 생각합니다. 이 과정이 정말 중요합니다.

◆ 새내기 교사의 후배들에게는 일부러 '1년 동안의 경력'을 강조한다

앞서 '2년 차니까'라는 말이 새내기 교사를 괴롭힌다고 했습니다. 반면 새내기 교사가 자신감을 갖고 후배를 지도할 수 있게 만들기 위해 일부러 '2년 차니까'라는 말을 쓰기도 합니다.

예를 들어 2년 차 이상의 새내기 교사가 초임 교사나 실습생을 만나는 상황이라고 합시다.

"A 선생님은 작년 1년 동안 아주 열심히 학생들과 부딪치며 지내왔기 때문에 분명히 여러분에게 힘이 되어줄 것입니다. 함께 일을 하면서 많은 걸 배우기 바랍니다."

이런 식으로 새내기 교사의 '1년 동안의 경력'을 강조합니다.

교무실에서는 아직 경험이 부족한 2년 차 교사이지만, 교직 경험이 없는 실습생이나 초임 교사에게는 다릅니다. 2년 차 교사가 '1년 동안의 경력'을 쌓은 전문가인 것은 분명합니다. 그 사실을 의식하게 함으로써 후배들이 존경하는 시선으로 2년 차 이상의 새내기 교사를 보게 만드는 것이 목적입니다.

사소한 것이지만 새내기 교사가 성장할 가능성이 조금이라도 커지면 좋겠다고 생각합니다.

작년에 비해 성장하지 못한 '제자리걸음'의 공포…

새내기 교사의 속마음

2년 차가 되었는데 어제도 오늘도 수업을 제대로 못해서 걱정이야.
조금도 능숙해지지 않은 느낌이야.
매번 같은 부분에서 발목이 잡혀.

학생들과도 좀처럼 신뢰 관계를 맺지 못하고 있고, 학부모들도 "괜찮을까?"라는 의구심을 여전히 갖고 있고….
교사가 된 지 1년이 지났는데 초임 시절보다 전혀 성장하지 못했어….
언제나 머뭇머뭇 걱정만 잔뜩 하고.
2년 차 연구회에 가면 다른 학교 동기들은 즐거워 보이고, 빛나 보여.

비슷한 실패를 반복하는데, 나는 언제쯤 제대로 된 교사가 될 수 있을까.
아아, 나도 빨리 성장하고 싶다.

◆ '고민이 늘어난 것'을 칭찬한다

성실하게 노력하는 새내기 교사들은 '내가 성장하고 있는 걸까'라는 고민을 갖고 있습니다.

기업인 마쓰시타 고노스케는 이런 말을 남겼습니다.

"고민이 있다는 것은 당연하다. 그것은 살아 있다는 증거이고 언제나 반성하고 있다는 증거다."

'성장하고 싶다', '빨리 제대로 된 교사가 되고 싶다'라는 마음이 다른 사람보다 두 배나 강하기 때문에 고민하는 것입니다. 이렇게 고민하고 있다는 것 자체가 그 새내기 교사가 이미 훌륭하게 성장하고 있다는 증거입니다. 교사를 계속 하기 위해서 중요한 '겸허함'을 갖추고 있다고 할 수 있습니다. 하지만 이런 새내기 교사가 더욱 성장할 수 있을지는 동료 교사들과 맺는 관계에 따라 크게 달라집니다.

중견 교사는 이렇게 격려하면 좋습니다.

"그렇게 고민하는 것 자체가 성장하고 있다는 뜻이라고 생각합니다!"

"스스로는 제자리걸음 상태라고 생각할 수도 있지만 제가 보기에는 수업 준비도, 학생들에게 말을 건네는 것도 훨씬 능숙해졌다고 생각합니다. 예를 들어 얼마 전에 ○○에 대해 기억하고 있어요?"

이런 식으로 격려를 하면서 중견 교사는 새내기 교사의 성장을 느낀 구체적인 에피소드를 전달합니다. 그래서 긍정적인 방향으로 나아가도록 도와줍니다.

◆ '새로운 것'에 도전할 수 있게 한다

새내기 교사가 '제자리걸음 상태'라고 느끼는 것은 다시 말해 '좀 더 앞으로 나아가고 싶다', '무언가 새로운 자극이 필요하다'라는 마음의 표현입니다. 이는 교사로서 훌륭하게 성장하기 위한 큰 기회를 맞이하고 있다고 볼 수 있습니다.

따라서 무언가 '새로운 것'을 경험할 수 있는 기회를 만들어주면 좋습니다. 새로운 일을 제안해도 좋고, 도움이 된다고 생각하는 책을 권해주는 것도 좋습니다. 새내기 교사가 생각하는 '이런 식으로 되고 싶다'라는 이상적인 교사의 모습을 들어보고, 그에 맞는 새로운 일에 도전할 수 있는 계기를 만들어주는 것입니다.

◆ '할 수 있다'라는 실감이 들게 만들어준다

새내기 교사뿐만 아니라 누구든지 자신이 할 수 없는 것에만 신경을 쓰면 자신감이 떨어집니다.

"봐요, 선생님도 잘할 수 있어요. 선생님에게는 잘할 수 있는 능력이 있어요."

이런 식으로 '나도 할 수 있는 것이 있다!'라고 실감할 수 있는 기회를 만들어주면 좋습니다. 중요한 것은 새내기 교사가 잘할 것 같은 일을 '맡기는 것'입니다. 아무리 작은 일이라도 괜찮습니다. 그 일이 지닌 역할과 의미를 명확하게 설명하고 일을 맡겨보세요. 그렇게 하면 새내기 교사에게 주인의식이 생기면서 일의 질이 달라집니다.

때로는 '도무지 이 새내기 교사에게 일을 맡길 수 없다, 아니 맡기고 싶지 않다'라고 생각할 수도 있을 것입니다. 하지만 그런 경우에도 일이 잘되지 않을 때는 지원해준다는 각오를 하고 맡겨야 합니다. 그렇지 않으면 새내기 교사는 시간이 많이 흘러도 성장하지 못합니다. 일을 '맡는다'라는 것은 일이 제대로 되지 않았을 때 자신이 '책임진다'는 것을 의미하기도 합니다. 하지만 단순한 '강요'가 되지 않도록 구체적인 방법을 정확하게 전달해야 합니다.

아무런 도움도 없이 자신의 발로 걸어갈 수 있는 새내기 교사는 드뭅니다. 물론 바로 일을 잘해내는 새내기 교사도 있습니다.

하지만 대부분의 새내기 교사는 '조금만 지원해주면 걸을 수 있을 것 같다'라는 단계에 있습니다. 따라서 일을 맡기면 "이거 했어요?", "저거 했어요?"라고 확인합니다. 그다음에는 "봐요. 잘할 수 있잖아요", "선생님은 잘할 수 있는 능력이 있어요"라고 격려하면서 새내기 교사 스스로 성장을 실감할 수 있도록 해줍니다. 이를 위해서는 새내기 교사가 잘해내는 순간을 놓치지 않고 지켜봐주는 것이 중요합니다. 아울러 새내기 교사의 주변에 있는 학생들이 어떤 상태인지도 신경 써주는 것이 좋습니다.

◆ 학생과 학부모의 말을 간접적으로 전달해준다

교사에게 학생이나 학부모의 칭찬만큼 기쁜 것은 없습니다.

"○○이가 선생님 수업이 아주 이해하기 쉽고 공부하는 것이 즐겁다고 말하던데요."

"얼마 전에 학부모 회의에서 선생님에 대해 칭찬했던 학부모님이 있었어요. ○○이 부모님인데요…."

저도 교사가 되고 나서 얼마 안 된 시기에 이런 칭찬을 선배 교사에게 들었을 때 굉장히 힘이 되었던 것을 기억하고 있습니다.

또한 자신이 전달하고 싶은 칭찬을 일부러 다른 선생님에게 이야기하는 것도 한 가지 방법입니다. **"마에카와 선생님이, 선생**

님을 굉장히 칭찬하더라고요"라는 식으로 간접적으로 전달하면 칭찬하는 말이 더욱 깊이 마음에 와닿습니다.

 이 방법은 학생에게도 사용할 수 있어 효과적이므로 꼭 시도해보기 바랍니다.

아무래도 동료 교사의 평가가 신경 쓰인다

새내기 교사의 속마음

우리 반은 비교적 안정적인 상태야. 성실한 학생들이 많아서 현재로서는 큰 문제가 일어나지 않고 있어.

하지만 왜인지 단합이 잘 안 되는 것 같아. 언제나 행사 때면 똘똘 뭉쳐서 불타오르는 느낌이 부족해.

오늘 운동회 뒤풀이 때도 선배 교사에게 "선생님 반은 뭐랄까 차분해요", "그 반 학생들도 좀 더 활기차면 좋을 것 같아요"라는 말을 듣고 말았어.

그런데 다른 반은 "그 반은 평소에는 시끌벅적한데 행사 때만큼은 단합이 잘되네요"라며 높은 평가를 받은 것 같아.

우리 반은 어째서 불타오르지 못하는 걸까.

학생들 하나하나는 굉장히 열심히 하는데 말이지.

담임인 내 탓인가···.

다른 반처럼 좀 더 '일치단결!'하거나 열정적인 모습을 보여주면 좋을 텐데.

하지만 그런 걸 좋아하지도 않고 틀림없이 나와는 안 맞아.

아무래도 시시한 걱정 같구나···.

◆ 주위의 평가 때문에 괴로워하는 새내기 교사

동료 교사들의 평가에 일일이 반응해서 울고 웃는 새내기 교사가 많습니다. 그렇지 않아도 학급 경영에 자신감을 갖지 못하는 상태입니다. 이런 상황에서 자신은 노력하고 있는데 조금이라도 안 좋은 이야기를 들으면 불필요하게 부정적인 감정에 사로잡힙니다.

"요즘 학생들은 얌전해요", "옛날에 우리는 활기차고 행사도 좀 더 활발하게 참여했었는데 말이지요"라고 무의식적으로 말하는 교사가 많습니다. 이런 말은 예전의 가치관을 그대로 현재와 비교하는 베테랑 교사가 자주 하는 말이기도 합니다.

이럴 때 "활기차다는 것은 어떤 느낌이었을까요?", "어떻게 하면 학급을 잘 이끌어나갈 수 있을까요?"라고 질문하는 새내기 교사가 있다면 좋을 것입니다. 하지만 그 중에는 '내가 뭘 잘못하고 있는 걸까…'라고 혼자서 끙끙 고민하는 새내기 교사도 있을 것입니다.

'학생은 이래야 한다', '학급은 이렇게 돌아가야 한다'라는 선배 교사의 획일적인 가치관에 사로잡혀 새내기 교사가 불필요한 고민에 사로잡히지 않도록 중견 교사는 다음과 같은 역할을 하는 것이 좋습니다.

◆ 학생의 성장에 눈을 돌리게 한다

만약 새내기 교사가 동료 교사들의 말과 평가에 대해 지나치게 신경을 쓰고 있다면 **"지금 어디를 바라보며 일을 하고 있습니까?"**, **"어느 쪽을 향해서 일하고 싶은가요?"**라고 질문을 해보는 것이 좋습니다.

학급의 학생들이 날마다 성장하는 모습을 가장 가까이에서 바라보고 있는 사람은 담임 선생님입니다. 그러므로 동료 교사들의 부정적인 평가에 휘둘릴 필요는 없습니다. 물론 주변에서 하는 말을 겸허하게 받아들이고 긍정적인 방향으로 나아가도록 하는 것은 중요합니다. 하지만 앞서 소개한 새내기 교사처럼 필요 이상으로 신경을 쓰기 쉬운 성격의 경우라면 다르게 접근해야 합니다. 학생 한 사람 한 사람의 긍정적인 면과 학급에 성실한 학생이 많다는 사실에 집중하여 의식을 좋은 방향으로 돌리도록 해야 합니다.

◆ '학생 탓'으로 돌리지 않는다

어떤 일이 있어도 절대 피해야 할 것은 것은 자신이 제대로 잘 해내지 못할 때 그 원인을 '학생 탓'으로 돌리는 것입니다.

때로는 '우리 반이 똘똘 뭉치지 못하는 것은 리더 역할을 하는 학생이 없어서다', '활기차게 지내지 못하는 것은 학생들이 얌전해서다' 등 학생들에게서 원인을 찾으려고 할 때가 있습니다. 하지만 학생 탓으로 돌리는 것은 정말로 조심해야 합니다. 이는 교사로서 성장에 방해가 될 뿐만 아니라 학생들에게 신뢰를 잃게 되기 때문입니다.

또한 베테랑 교사가 자주 하는 "요즘 학생들은 우리가 어렸을 때랑 달라요"라고 하는 말도 돌려서 학생 탓을 하는 것이기 때문에 굳이 신경 쓸 필요는 없습니다.

만약 행사가 잘 마무리되지 못한 이유로 '리더 역할을 하는 학생이 없어서다'라는 이야기를 듣는다면 어떻게 대처해야 할까요? '앞으로 리더 역할을 하는 학생을 키워야겠다', '평소에 얌전한 학생들도 활발하게 참여할 수 있도록 역할을 맡겨 봐야겠다'라는 식으로 접근하여 교사가 노력할 수 있는 방법에 대해 새내기 교사와 함께 아이디어를 내보는 것이 바람직합니다.

◆ '일치단결!'이 목적은 아니다

행사를 할 때 종종 듣는 '일치단결'이라는 말은 '많은 사람이 하나의 공통 목표를 실현하기 위해 협력하는 것'을 의미합니다.

하지만 일치단결은 '단결'시키는 것 자체가 목적이 아닙니다. '공통의 목표'를 갖게 하는 것이 목적입니다.

만약 '어쩐지 똘똘 뭉치지 않는 것 같다'라는 느낌이 든다면 새내기 교사에게 이렇게 물어보세요. "이번 행사를 앞두고 어떤 목표를 세웠나요?", "학생들은 무엇을 목표로 노력하고 있나요?"

이런 질문을 하는 이유는 목표를 세우는 것 자체가 잘못되어 있을 가능성이 있기 때문입니다. 예를 들어 학급 학생들이 모두 이해하는 목표를 세우지 못했을 수도 있습니다. 또는 목표를 달성하기 위한 구체적인 방법이 명확하지 않았을 수도 있습니다.

저 자신도 그랬지만 젊으면 젊을수록 '열심히 노력한다', '열정'으로 어떻게든 부딪혀 보려고 합니다. 여기에는 '열정적으로 말하면 학생들에게 진심이 전해질 것이다'라는 마음도 있을 것입니다. 물론 열정에는 사람의 마음을 움직이는 힘이 있는 것은 사실입니다. 이것은 새내기 교사의 강점이 되는 부분이기도 합니다. 하지만 본질적인 부분이나 구조에 눈을 돌리지 못하기 때문에 근본적인 해결 방법이 되지 못합니다.

만약 경험이 풍부한 중견 교사가 냉정하게 '목적'과 '수단'을 구분해서 '적절한 목표는 무엇인가'를 정리해서 알려준다면 어떨까요? 새내기 교사도 자신이 학생들에게 어떤 지원을 하고 있는지 되돌아보기 쉬워질 것입니다.

정보 통신 기술 활용은 어떻게 하면 좋을까?

새내기 교사의 속마음

얼마 전에 교장 선생님과 면담을 했다.
"선생님, 젊으니까 좀 더 정보 통신 기술을 활용해서 수업에 도전해보는 것이 어떨까요?"
'젊으니까'라는 이유는 이해가 잘 안 되지만, 교장 선생님이 하고 싶은 말씀이 뭔지는 알겠어. 맞아, 나는 정보 통신 기술을 활용한 수업을 거의 하지 않고 있어. 사실 신경은 쓰고 있어. 가끔 써보긴 하지만 제대로 활용하고 있다는 자신감은 없어.

교육 현장에 나가기 전에는 나도 매일 태블릿을 이용해서 수업을 해야겠다고 생각했다. 그런데 실제로는 정보 통신 기술 도구를 사용하지 않고 수업을 하는 선생님이 더 많다. 그런 선생님들을 보면서 '나도 수업에 익숙해질 때까지는 사용하지 않는 게 좋을까'라고 생각하게 되었다.

날마다 바빠서 새로운 것에 도전해볼 여유도 없고….
하지만 정보 통신 기술 도구를 능숙하게 활용하는 멋진 선생님도 있어.
사실 나도 좀 더 잘 사용할 수 있게 되면 좋겠어.

◆ 정보 통신 기술을 활용해서 얻는 세 가지 장점

정보 통신 기술 도구는 '사용하는 것' 자체가 목적이 아니기 때문에 수업 시간에 무리해서 사용할 필요는 없습니다. 하지만 '전혀 사용하지 않는 것' 역시 문제가 될 수 있습니다. 실생활과 연결된 학습을 위해서는 필요에 맞게 정보 통신 기술 도구를 적절히 사용할 수 있는 기술을 젊은 시절부터 익혀두는 것이 좋습니다. 따라서 숭견 교사가 '정보 통신 기술 활용의 장점'을 정리해서 새내기 교사에게 전달하는 것부터 시작하면 좋을 것입니다.

제가 생각하는 정보 통신 기술 활용의 장점 세 가지입니다.

① 학습 효율이 향상된다

정보 통신 기술 도구를 이용하면 학생들의 학습 효율이 훨씬 향상됩니다. 특별히 어려운 것을 하지 않아도 됩니다. 동영상을 보거나 파워포인트 슬라이드를 이용해서 발표하게 하는 것만으로도 깊이 있게 학습하게 할 수 있습니다.

특히 '정보 공유' 측면에서 어느 교과목인지 상관없이 효과를 발휘합니다. 이를 위해 학생들 자신이 생각한 것이나 작품 등을 인터넷에 공유하고 서로 교류할 수 있는 상황을 설정하는 것부터 시작하는 것이 좋습니다.

② 수업 개선 시점이 생겨난다

수업을 할 때 정보 통신 기술 도구를 효과적으로 적용하기 위해서는 먼저 '무엇을 위해서', '어떤 상황에서', '어떻게 활용할지'를 생각해야 합니다. 이를 위해 수업의 목적과 구성을 1시간 수업의 흐름으로 점검해서 내용을 다시 살펴보도록 합니다. 이런 과정이 새내기 교사에게는 새로운 수업 개선의 시점이 됩니다.

이때 중요한 점은 두 가지입니다. '애초에 정보 통신 기술을 이용하는 것이 목적이 아니다', '수업을 좀 더 개선하기 위해 정보 통신 기술을 활용한다'는 점을 새내기 교사에게 확인해주는 것입니다. 정보 통신 기술 활용을 계기로 새내기 교사의 '수업을 디자인하는 힘', '수업을 실천하는 힘', '수업을 되돌아보는 힘'을 향상시켜가는 것이 중요합니다.

③ 업무 방식 개혁에 대한 의식이 높아진다

일반 기업에서는 디지털 전환(DX)의 발전에 따라 종이를 쓰지 않도록 하고 있습니다. 이를 통해 쓸데없는 낭비를 줄이고 업무 개선을 지속적으로 추진하고 있습니다. 학교에서도 교무 지원 시스템을 비롯해서 정보 통신 기술 도구를 이용하면 여러 장점이 있습니다. 채점이 쉬워지거나 업무용 서류를 인쇄하는 작업이 필요하지 않게 되는 등 업무 효율성이 높아집니다.

편리한 정보 통신 기술 도구를 사용하는 방식을 알게 되면 새내기 교사에게도 '효율적으로 일하는 방법', '시간 낭비를 없애는 방법'을 생각하는 계기가 될 것입니다.

정보 통신 기술 도구를 사용함으로써 오히려 쓸데없는 일이 늘어나거나 새내기 교사의 부담이 커진다는 것은 주객이 전도되는 것입니다. 물론 정보 통신 기술 도구에 익숙해질 때까지 어느 정도 노력이 필요합니다. 하지만 '얼마나 효율적으로 활용하고 시간 낭비를 없앨까'라는 관점에서 자신의 일을 파악하는 것이 중요하다는 점도 새내기 교사에게 알려주는 것이 좋습니다.

◆ 최초 1시간만 수업에 들어간다

정보 통신 기술 활용에 도전하고 싶은 마음은 있지만 첫 걸음을 내딛을 때는 용기가 필요합니다. 하지만 정보 통신 기술 활용의 비결은 '시도와 실수'입니다. 결국 정보 통신 기술 도구를 사용해보지 않으면 아무것도 시작되지 않습니다.

새내기 교사가 새로운 도구를 사용하거나 새로운 활동에 도전해보겠다고 할 때가 있습니다. 이때 선배 교사인 저는 최초 1시간만 수업을 참관합니다. '어떤 수업이 될까' 두근두근 설레면서 새내기 교사와 함께 시도와 실수를 즐기고 있습니다.

◆ 성과를 공유하는 자리를 만든다

새내기 교사들은 다른 교사의 성공 사례와 실패 사례를 알고 싶어 할 것입니다. 간단한 것이라도 좋으니 게시판을 만들거나 폴더를 만들어서 정보 통신 기술 활용의 성과와 과제를 공유해 보세요. 그러면 수업 결과나 아이디어를 정리해서 다른 교사들과 나누는 것이 편해질 것입니다.

아울러 새내기 교사와 함께 정보 통신 기술에 능숙한 교사의 수업을 참관하는 것도 좋습니다. 또한 정보 통신 기술을 지원해 줄 사람을 연결해주는 것도 도움이 됩니다.

나름대로 수업도 잘하지만
지금 이대로 괜찮을까…

※ 오른쪽에서 왼쪽으로 읽으세요.

새내기 교사의 속마음

처음 교사로 발령을 받았을 무렵과 비교하면 수업은 제법 잘하게 되었어. 시간 안에 수업을 마무리할 수도 있게 되었고, 학생들도 내 이야기를 잘 들어주고 있다. 하지만 스스로 이해가 안 가는 부분도 있고 왠지 모르게 지루한 느낌이 들어.

이대로 괜찮을까, 항상 불안해.
수업뿐만이 아니야.
서류 작업에 대해서도 같은 생각을 하게 돼.
일단 마감일까지는 업무를 처리할 수 있지만 품질이 어떨지는 알 수 없어.

결국 자신감이 없다.
초임 교사였을 때는 여러 선생님들이 신경을 써주셨다. "요즘 수업은 어때요?" 또는 "이 부분을 좀 더 개선했으면 좋겠어요"라고 조언을 해주셨다.

이제 2년 차가 되었는데 앞으로 무엇을 기준으로 판단하면 좋을까.
정말로 지금 이대로 괜찮은 걸까…

◆ 일부러 새내기 교사에게 부탁해본다

제가 2~3년 차 새내기 교사였던 때 이야기입니다. 당시 저는 무언가 실패할 때마다 우울해하며 자신감이 없어지는 그리 뛰어나지 못한 새내기 교사였습니다. 그런데 신기하게도 그런 저에게 다가와서 일부러 조언을 구하는 선배 교사가 있었습니다.

"저기, 수업 때 이런 걸 하고 싶다고 생각하는데 어떻게 하면 좋을 것 같아요?"

"만약에 괜찮다면 다음에 내 수업을 보러 와줄래요? 조언도 해줘요."

"가능하다면 수업을 같이 하면서 도와주면 마음이 든든할 것 같네요."

선배 교사의 부탁을 들어주면 제 일이 늘어나게 됩니다. 하지만 당시에는 그런 것을 신경 쓰지 않았습니다. 그저 선배 교사가 부탁해준 것이 기뻐서 '드디어 말을 걸어주었는데 어떻게든 선배에게 도움이 되고 싶다!'라며 의욕이 넘쳐났습니다.

실제로 선배님의 수업을 보러 가고 '어떻게 하면 이 수업이 좀 더 좋아질 수 있을까?', '나라면 어떻게 하고 싶었을까?'라고 생각하는 사이에 점점 자신만의 가치관이 명확해져갔던 것 같습니다. 그리고 '선배님이 수업에서 하고 있던 그 활동을 내 수업에서도 활용해볼까', '선배의 수업과 비교해서 내 수업은 학생들의 발언이 부족한 것 같다'라든가 '이 부분은 내 수업 쪽이 좀 더 잘되어 있는지도 모르겠다'라는 새로운 관점이 생겨났습니다. 덕분에 제 수업을 객관적으로 다시 바라볼 수 있게 되었습니다.

지금 돌이켜보면 저에게 조언을 구한 선배 교사는, 자신감을 잃은 저를 보고 다음 단계로 성장시키기 위해 일부러 그렇게 해주었던 것 같습니다. 새내기 교사 육성 방법의 하나로써 도움을 준 것입니다. 이 방법이 좋은 건지 안 좋은 건지는 사람에 따라 다르겠지만 당시 저에게는 아주 효과적이었습니다.

◆ 판단 재료나 가치 기준과 대조해본다

새내기 교사는 무슨 일이 어떻게 되었을 때 '내가 잘하고 있다'라고 판단하면 좋을지 모르기 때문에 자신감을 갖지 못하게 됩니다. 바꿔 말하면 자신의 가치를 평가하는 기준을 갖고 있지 않다는 것입니다. 이럴 때 새내기 교사에게 중견 교사가 해야 하는 것은 판단 기준을 제시하는 것입니다. '그래, 여기를 목표로 삼으면 되지', '이래서는 아직 부족해'라고 생각할 수 있는 판단 재료나 가치 기준과 대조할 수 있게 하는 것입니다.

이때 판단 재료나 가치 기준은 이론이 아닙니다. '백문이 불여

일견'이라는 것입니다. 새내기 교사가 직감적으로 '이런 수업을 하고 싶다!' 또는 '이런 수업은 하고 싶지 않다…'라는 가치를 발견할 수 있도록 지원해주는 것이 좋습니다.

  2년 차 이상의 교사는 다른 교사의 수업을 견학할 기회가 줄어들기 때문에 자연스럽게 좋은 수업과 만날 기회도 줄어듭니다. 앞서 소개한 것 같은 '일부러 새내기 교사에게 부탁해본다'는 방법 능 적당한 구실을 만들어서 다른 교사의 수업을 견학하러 갈 기회를 확보하는 것이 좋습니다.

◆ 피드백은 섬세하게

  2~3년 차 교사가 되면 수업이나 업무에 대해 피드백을 받을 기회가 줄어듭니다. 물론 2년 차 이상의 교사에게 더 이상 신경을 쓰기 어려운 것도 이해가 됩니다. 하지만 3년 차까지는 섬세하게 피드백을 주는 편이 새내기 교사를 안심하게 만들어줍니다.
  새내기 교사로서는 자신이 먼저 "제 수업이 어땠습니까?"라고 선배에게 묻는 것은 그리 쉽지 않습니다. "이 부분이 좋았어요!", "이 점을 잘했어요!"라는 피드백은 많을수록 도움이 됩니다.
  '조금 참견하는 것 같은데?'라는 느낌이 들 정도가 적절한 피드백 수준입니다. 그리고 적어도 3년 차 새내기 교사까지는 섬세하게 피드백을 해주는 것이 좋습니다.

◆ 진정한 시작은 여기부터

저는 '내 수업이 지루하지 않나', '이대로 괜찮을까'라는 마음이 들 때야말로 교사로서의 진정한 시작이라고 생각합니다. 왜냐하면 자신의 수업이 지루하지 않나 하는 생각이 든다는 것은 학생의 표정이나 반응을 냉정하게 바라볼 수 있게 되었다는 증거이기 때문입니다.

수업 개선에 필요한 가장 기본적인 기술은 '학생의 반응을 냉정하게 받아들인다'는 것입니다. 수업이 좋고 나쁜지는 언제나 학생들이 알려줍니다. 학생들의 눈빛이 초롱초롱 반짝거리는지, 학생들의 말을 되짚어보면서 비로소 다음 단계로 나아갈 수 있습니다.

2년 차 연구 수업, 무엇을 하면 좋을까?

※ 오른쪽에서 왼쪽으로 읽으세요.

새내기 교사의 속마음

아~ 또 다가왔어….

교사가 되고 나서 하는 두 번째 연구 수업.

첫 번째 연구 수업 때는 일단 수업을 진행하는 데 온 힘을 다 쏟았지만 이번에는 어떻게 해야 할까.

정말 초임 교사 때와 같은 수준의 수업을 하면 안 될 것 같다.

아무래도 이번에는 같은 지역 초임 교사와 새내기 교사들도 보러 올 것 같아. 어떻게든 좋은 모습을 보여야 할 텐데. 서투른 모습은 보이고 싶지 않아.

상상만으로도 벌써부터 긴장이 된다.

지도안도 작성해야 하고 연구 수업을 진행할 교실도 준비해야 하고….

그렇지 않아도 바빠서 힘들겠지만 어쨌든 좋은 수업을 하고 싶어.

◆ '단 한 가지만' 목표 설정을 한다

앞서 언급한 새내기 교사처럼 "어떻게 하면 좋을지 모르겠어요"라고 고민하는 경우에는 먼저 이렇게 물어보세요. "지금 자신의 수업에서 가장 먼저 개선하고 싶은 부분은 어디인가요?"라고요. 만약 새내기 교사가 질문을 만드는 것을 고민하고 있다면 어떻게 해야 할까요? '학생의 생각을 깊이 있게 하는 질문의 방법'을 주제로 하는 등 연구 수업의 개인 목표를 결정하도록 도와줍니다.

학교 연구 활동의 경우에는 미리 연구 주제가 설정되어 있습니다. 하지만 그것과 별도로 개인의 목표를 정해두도록 합니다. 연구 수업이 성공하는 비결은 목표를 '단 한 가지만'으로 좁히는 것입니다. 그렇게 하면 수업을 구성하기 쉬워지고 연구 발표 후 피드백도 받기 쉬워집니다.

2~3년 차 교사가 하는 연구 수업은 '새로운 수업 스타일의 제안'보다는 '새내기 교사의 수업 능력 향상'을 중요하게 생각하는 경우가 많습니다. 그래서 '새로움'과 '멋있음'을 생각할 필요는 없습니다. 이럴 때 중견 교사가 이렇게 말해주면 좋습니다.

"단순한 것이 최고예요(Simple is the best). 자신의 수업 과제와 마주할 수 있다면 그것으로 충분합니다"

◆ 과정도 포함해서 피드백을 해준다

연구 수업의 목표를 정하고 나서 연구 수업 당일까지 준비를 진행합니다.

아무리 바쁘더라도 연구 수업을 하는 단원이 정해진 단계에서 중견 교사는 어떻게든 시간을 내서 5분이라도 좋으니까 수업을 참관하러 갈 것을 권합니다. 첫 번째 단원부터 보러 가는 것이 가장 좋지만 그러기 어렵다면 단원 도중의 수업이나 모의 수업이라도 보러 가도록 합니다. 저는 모의 수업 때 새내기 교사나 교육 실습생에게는 될 수 있으면 학생 역할을 맡게 합니다.

중요한 것은 연구 수업 당일뿐만 아니라 연구 수업까지 가는 과정도 포함해서 피드백을 해주어야 한다는 점입니다. 그렇게 하면 새내기 교사에게 **'연구 수업은 당일에만 실연을 잘하면 되는 것이 아니라 그때까지 쌓아온 학습이 중요하다'**라는 것을 실감하게 해줄 수 있습니다.

◆ 전날은 체크 리스트로 함께 최종 확인을 한다

2~3년 차 새내기 교사라면 연구 수업을 하는 것은 초임 때 연구 수업 이후 두 번째인 경우가 많습니다. 준비에도 아직 익숙하

지 않고 긴장해서 다른 부분까지 신경 쓸 여유도 없을 것입니다. 따라서 연구 수업 전날에는 미리 만들어 놓은 체크 리스트를 보면서 준비가 충분한지 새내기 교사와 함께 최종 확인을 하는 것이 좋습니다.

다음은 참고할 만한 체크리스트입니다.

☐ 지도안 작성・인쇄(필요하다면 도장도 찍는다).
☐ 학생늘에게 사전 설명.
☐ 평소보다 교실을 깨끗하게 청소한다.
☐ 교실 바깥에 지도안, 방명록을 두는 장소를 마련한다.
☐ 교실 뒤쪽에 참관하는 사람이 앉는 의자를 몇 개 배치한다.
☐ 교실 위치를 쉽게 찾을 수 있도록 안내판을 붙여놓는다.
☐ 협의회 장소 준비(벽보, 강사석, 프로젝터, 음료수 준비 등).
☐ 교내의 교사에게 지도안 배포.
☐ 기록을 위한 동영상과 사진 촬영 준비.
☐ 당일 아침 회의에서 "오늘 지도 잘 부탁드립니다"라고 연구 수업이 있다는 것을 알린다.
☐ 지도 교사에게 인사하러 갈 타이밍을 확인한다.
☐ 수업 전에 학생들에게 하는 지시 확인(조금 빨리 자리에 앉게 하는 등).

◆ 동영상으로 기록한다

자신의 수업을 동영상으로 촬영하고 나서, 나중에 보면 개선해야 할 점이 명확하게 보입니다.

수업 기록은 교사 인생의 재산이 됩니다. 수업 개선에 활용할 뿐만 아니라 당시의 내용을 다음날 학급 소식이나 보고서에 정리해둘 수 있습니다. 또한 수업 안내서를 쓸 때 자신의 수업 모습을 학생들에게 알리는 재료로도 활용할 수 있어서 다양하게 도움이 됩니다. 촬영할 때는 연구 수업을 하는 교사, 학생들, 관계자의 허락을 미리 받아야 합니다. 학생들의 얼굴은 촬영하지 않는 것이 좋습니다. 학생들 목소리만 녹음되도록 하는 것도 좋은 방법입니다. 또한 촬영한 기록을 어떻게 다뤄야 할지에 대해서도 충분히 주의를 기울여야 합니다.

이런? 혹시 이건
우리 학급이 붕괴하고 있는 건가?

새내기 교사의 속마음

대부분의 흐름을 이해하고 어느새 학급 경영에도 익숙해진 기분이 들어. 학급 회의도 급식 지도도 이제는 혼자서 담당하게 되었어.
하지만 최근에 반 전체가 조금 산만해져서 마음이 불안해.
날이 갈수록 내 목소리가 커지고 학생들이 지시를 따르지 않을 때가 있어.
얼마 전에 음악 시간에 잡담을 하거나 수업 중에 이리저리 돌아다닌 학생이 있다고 들었다.

내 수업 시간에도 소란스러운 날이 늘어났다. 오늘도 청소 당번인데 그냥 빠져버린 학생들이 몇 명 있어서 대응하느라 힘들었어.
불만을 품고 있는 여학생들은 언제나 불만 가득한 목소리로 험담을 해. 어쨌든 반 분위기가 안 좋아.

이것이 이른바 '학급 붕괴' 조짐이라는 걸까?
그렇다면 나 혼자서 해결하기 어려울지도 모른다.
이럴 때는 어떻게 하면 좋을까…

◆ 새내기 교사에게 전달해야 할 "괜찮아요. 다들 지지하니까요"라는 한 마디 말

많은 새내기 교사가 정말 두려워하는 것은 학급 붕괴입니다. 조금이라도 그런 징후가 보이기 시작하면 새내기 교사는 갈팡질팡하게 됩니다. 그러는 사이에 기운이 빠지게 됩니다.

지도 학급 붕괴에 가까운 상황을 겪은 적이 있습니다. 그때는 '분명히 내 방식에 문제가 있구나…'라고 반성하며 스스로를 자책했습니다. 또한 '나는 교사로서 자격이 없는 것 같아… 앞으로 어떻게 해야 할지 모르겠다…'는 생각에 당황스러웠습니다. 게다가 동료 교사들에게 도움을 청하는 것이나 여러 가지로 폐를 끼치는 것에 대한 죄책감까지 겹쳐서 매우 우울한 상태에 빠져 있던 기억이 납니다.

가장 이상적인 것은 학급 붕괴를 조기 발견하고 조기 대응하는 것입니다. 하지만 새내기 교사가 감당하지 못할 것 같다고 생각하면 망설이지 말고 바로 팀으로 대응해야 합니다. 이미 이 시점에서 새내기 교사는 죄송함과 죄책감을 절실히 느끼기 때문에 "왜 그렇게 되었나요?"라는 식으로 추궁하는 말은 피하는 것이 좋겠습니다.

이때 전달해야 할 것은 **"괜찮아요. 다들 지지하니까요"**라는 말입니다. 이 말로 주저앉은 상태에서 다시 일어날 수 있게 하는 계기를 만들어주는 것입니다.

에이브러햄 링컨은 이런 명언을 남겼습니다.

"당신이 쓰러진 것에는 관심 없다. 그 자리에서 다시 일어나는 것에 관심이 있다."

사춘기를 맞은 학생은 어른에게 반항하면서 성장해갑니다. 그것 자체는 예전도 지금도 변함이 없습니다. 하지만 요즘에는 교사가 "내 말을 들어라" 하고 강요하고, 학생들을 자기 생각대로 제어하려고 해도 대부분 잘 되지 않습니다. 학생들은 성장하면서 사물에 대한 사고력과 이해력이 높아지고 점점 더 자율적으로 생각하게 됩니다. 하지만 그렇게 될 때까지 시간이 걸립니다. 이런 과정에서 학급이 불안정한 것은 자연스러운 현상 중 하나입니다.

학급 붕괴에 대응하는 구체적인 방법은 당연히 필요합니다. 하지만 그렇다고 해서 교사를 그만두어야 할 정도로 큰 문제는 아닙니다. 따라서 동료 교사들도 너그러운 마음으로 새내기 교사를 지원해주는 것이 좋겠습니다.

◆ 반의 '상징'으로 존재하기만 해도 된다

교사들은 다음과 같은 근거 없는 속박에 사로잡히기 쉽습니다.

× 학급 붕괴한 반에서 담임 선생님은 마지막까지 포기해서는 안 된다.

사실은 그렇지 않습니다. 담임으로서 날마다 익숙하지 않은 일을 하면서 열심히 노력했는데 교사에게 너무 많은 것을 바라는 것은 가혹한 처사입니다. 더군다나 새내기 교사라면 더욱 그렇습니다. 현재 모든 교사가 협력하여 담임을 지원하고, 팀 체제로 학급 경영을 하는 학교가 늘어나고 있습니다. 이런 상황에서 담임 한 사람에게 모든 짐을 지우는 것 자체가 말이 안 됩니다.

물론 새내기 교사가 스스로 적극적으로 학급 경영에 힘쓰고, 잘해낼 수 있을 것 같으면 계속 담임을 맡아도 좋을 것입니다. 하지만 담임을 감당할 수 없는 상황에서는 정면 돌파를 강요해서는 안 됩니다. 무리하게 하다가 좌절하게 만들거나 몸과 마음의 건강을 해치게 되면 아무 소용도 없기 때문입니다. 그래서 일단은 '안전한 피난처를 마련해준다'는 것이 중요합니다. 어느 정도 상황이 개선될 때까지 동료 교사들도 계속 지원해주고 새내기 교사에게는 '**반의 상징으로 존재하는 것만으로도 충분하다**'는 마음가짐으로 지낼 수 있도록 합니다.

◆ 중견 교사가 학급 붕괴의 싹을 잘라낸다

학급은 어느 날 갑자기 붕괴하는 것이 아닙니다. 반드시 어떤 징후가 있습니다. 예를 들면 교실에 쓰레기가 떨어져 있을 때가 늘어나거나 사물함 위가 어질러져 있거나 보건실로 가는 학생이나 수업 중에 화장실에 가는 학생이 늘어난다는 것이 그 징후입니다. 반에서 이런 모습이 보일 때 중견 교사가 취하는 행동은 다음의 두 가지로 나누어집니다.

· 이상 징후를 말로 전달하기만 하고 방관한다.
· 이상 징후를 전달하는 것과 동시에 자신도 행동한다.

첫 번째 경우, 중견 교사는 "**선생님 반의 사물함이 최근에 어질러져 있어요. 그럼 곤란하지요. 빨리 조치를 취해야 합니다**"라고 전달하기만 합니다. 중견 교사는 마음속으로 '뒷일은 맡기겠습니다. 선생님도 이제 초임 교사가 아니니까 그 정도는 스스로 생각해서 알아서 해결하세요'라는 자세입니다. 담임 자신이 스스로 성장하기를 기대하는 것이지만 새내기 교사는 좌절하게 됩니다.

반면 두 번째 경우, 중견 교사는 다음과 같이 말하며 새내기 교사를 지원하려고 합니다.

"선생님 반의 사물함이 요즘 어질러져 있어서 걱정이 됩니다. 학급이 붕괴되기 전에 미리 대처하는 것이 좋기 때문에 오늘 그 반 학생들에게 이야기를 했습니다. 내일은 선생님도 이야기를 해보시는 게 좋을 것 같은데요?"

이렇게 해서 새내기 교사가 안심하고 한 걸음 더 내딛을 수 있도록 도와줍시다.

업무 협력이 제대로 안 된다

※ 오른쪽에서 왼쪽으로 읽으세요.

새내기 교사의 속마음

또 교무실에서 학년 부장님께 야단을 맞았어.

"얼마 전에 부탁한 자료, 이제 완성했어요?"라는 질문을 들었는데 아직 다 완성하지 못했기 때문에 솔직하게 "죄송합니다. 아직…"이라고 사과했어.

그랬더니 "엇? 왜 아직까지도 마무리를 하지 못했다는 겁니까?", "여태까지 뭘 하고 있었던 건가요? 좀 더 빨리 상담을 했으면 좋았을 텐데요"라고 화를 내셨어.

확실히 내가 잘못했다.
업무 처리를 늦게 한 건 반성한다.
하지만 아무런 설명도 없이 업무를 맡긴 것은 학년 부장님인데….

이 업무는 잘 모르는 내용이기 때문에 여러 번 상담을 하려고 생각했다. 그런데 학년 부장님이 교무실에 거의 안 계시기도 하고 바빠 보이셔서 쉽게 말을 걸기 어려웠다. 그래도 나름 신경 써서 하고 있었는데.

그런데 꼭 그런 식으로 말씀하셨어야 했나.
좀 더 열심히 하고 싶은 마음은 있는데 눈물이 난다….

◆ '가르쳐주지도 않았으면서 야단쳐서는' 안 된다

"왜 이런 일도 못하나요?"
"이 정도는 그냥 생각하면 알 수 있잖아요."
"요약본에 써 있지 않나요? 안 읽었어요?"
"대학교에서 안 배운 건가요…."

생각한 대로 일을 잘하지 못하는 새내기 교사에게 누군가가 이런 말을 하는 것을 들은 적이 있습니다.

실제로 새내기 교사가 천천히 성장해서 교육 현장이 몹시 곤란해진 경우도 있을 것입니다. 하지만 그런 경우라고 해도 앞서 언급한 말을 하는 교사는 어쩌면 새내기 교사에 대한 기대치가 지나치게 높을지도 모르겠습니다. 기대치가 높은 것 자체는 나쁘지 않습니다. 새내기 교사는 대학교를 졸업한 지 2~3년밖에 되지 않은 사회 초년생입니다. 베테랑 교사가 생각하는 것처럼 유능한 새내기 교사는 그리 많지 않습니다.

예를 들어 학생 지도 상황으로 생각해봅시다. 교사들이 학생의 학습 상황을 평가하는 것은 바로 교사 자신이 '가르친 내용'입니다. 시험 문제도 응용 문제를 제외하고는 어떨까요? 일부러 수업 시간에 가르치지 않은 내용을 출제해서 점수를 매기는 교사는 없을 것입니다.

새내기 교사에 대해서도 같은 방식으로 생각할 수 있습니다.

중견 교사는 이렇게 생각해야 합니다. **'가르쳐주지도 않은 것은 새내기 교사가 못해도 어쩔 수 없는 것이다. 일방적으로 기대하는 것이 잘못이다'** 또한 **'오히려 중견 교사 자신의 설명이나 전달 방식에 문제가 있었던 것은 아닐까'** 하고 겸허하게 되돌아보는 자세를 갖는 것이 중요합니다.

제대로 해내지 못하는 원인을 새내기 교사에게만 찾지 말고 너그러운 마음으로 받아들이는 것이 좋습니다. 그래야 서로 기분 좋게 일할 수 있습니다.

◆ '우리 시대에는'이라고 말하고 싶은 기분을 꾹 누른다

'우리 시대에는 아무도 가르쳐주지 않았어.'
'일은 가르쳐주는 게 아니야. 보고 배우라고!'
'그렇지 않아도 바쁜데 일일이 신경 써줄 틈은 없어.'

베테랑 교사 중에는 지금도 이런 사고방식을 갖고 있는 사람도 있습니다. 저처럼 1990년 이전에 태어난 세대는 어떤 의미에서 '그것도 맞는 말이지'라고 생각하는 부분도 있습니다. 하지만 이런 사고방식이 요즘 새내기 교사의 발목을 잡을지도 모른다고 생각합니다.

현재 일본은 전국적으로 교사 부족 사태가 심각합니다. '교사 자격증이 없어도 채용한다', '대학교 3학년 때부터 미리 선발한다'는 지역도 있습니다. 이런 상황에서 '우리 시대에는' 하며 예전과 비교하고 있을 때가 아닙니다. 교육 현장에 와준 새내기 교사의 성장을 최대한 도와주는 것이 중요합니다. 새내기 교사가 <u>스스로 빠르게 성장할 수 있도록 키우려는 마음가짐</u>을 갖지 않으면, 학교 교육 자체가 제대로 이루어지지 않을 시대가 올지도 모릅니다.

◆ '새내기 교사가 좌절하기 쉬운 교무실'이란

새내기 교사가 해보고 싶어 하는 것에 도전할 수 있게 하려면 무엇보다도 학교 업무가 순조롭게 진행되어야 합니다. '당연한 일이 당연하게 돌아가고 있다'라는 토대가 탄탄히 다져져 있지 않으면 어떻게 될까요? 다른 교사들은 자신의 일로 정신없이 바빠서 새내기 교사를 육성하기는커녕 잠시 되돌아봐줄 여유조차 없을 것입니다. 그 결과 새내기 교사의 발목을 잡고 마는 꼴이 될 것입니다.

다음은 구체적인 사례입니다. '새내기 교사가 좌절하기 쉬운 교무실'을 소개하겠습니다.

- 학년 간, 교사 간 갈등이 있는 교무실
- 전임자가 인수인계를 제대로 하지 않고 간 교무실
- 일을 가르쳐주는 교사가 없는 교무실
- 새내기 교사에게 일을 맡길 여유가 없는 교무실

앞서 소개한 울고 있던 새내기 교사에 대한 이야기를 계속해 보겠습니다. 그 새내기 교사는 교외 학습 담당 교사가 되었습니다. "작년 자료를 참고하세요"라는 말을 들었지만 군데군데 자료가 빠져있고, 새내기 교사로서는 이해할 수 없는 부분도 있었습니다. 하지만 상황이 좋지 않았습니다. 같은 학년 선생님은 언제나 자리를 비우거나 바빠서 좀처럼 물어볼 기회가 없습니다. 전임자는 이미 다른 학교로 떠났습니다. 다른 학년 선생님에게 물어볼 생각도 했지만 학년끼리 사이가 그다지 좋지 않아서 왠지 모르게 물어보기 힘든 분위기가 있습니다. 그래서 기회를 잘 봐서 '나중에 상담 받아봐야겠다'라고 생각하는 사이에 학생에 대한 대응이 늦어지고 말았습니다.

결국 학년 부장님한테 "엇, 아직도 안 했어요? 빨리 상담을 요청했으면 좋았을 텐데요"라는 말을 듣고 말았습니다.

이렇게 새내기 교사가 어려움을 겪는 사례는 적지 않습니다.

업무 진행 방법을 제대로 파악하지 못하면 눈앞에 놓인 일이 벅차지고 마음이 지치게 됩니다. 의욕에 넘치는 새내기 교사의 발목을 잡지 않도록 하기 위해서 중견 교사는 다음 세 가지를 의식해야 합니다. **'교사 간의 벽을 허물자'**, **'새내기 교사에게 일을 가르쳐준다'**, **'학교 업무가 잘 돌아가게 한다'** 입니다.

미래에 대한 희망이 없다!

※ 오른쪽에서 왼쪽으로 읽으세요.

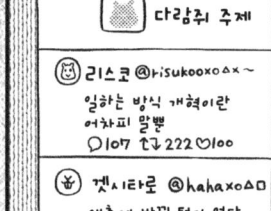

새내기 교사의 속마음

교사가 된 지 2년째.
수업 실력은 전혀 늘지 않는다. 개선하고 싶어도 시간이 없어.
업무에 쫓겨 하루하루 지쳐 가는데 서류 작업은 늘어나기만 해.
아침에 일찍 출근해도 초과 근무를 해도 월급은 똑같아….
학생들에게 잘 대해주면 당연하게 생각해.
대응이 서투르면 불만이 터져 나와.
제대로 식사를 할 시간도 없고 수면 시간 역시 부족해.

부모님은 그런 나를 걱정해주시지만 너무 피곤한 나머지 화풀이를 한다.
사람들은 '일하는 방식을 개혁'하라고 하지만 아무것도 개선되지 않는 느낌이다.

현재 24세.
정년까지는 앞으로 30년도 더 남았는데….
이 일을 언제까지 계속할 수 있을까.

◆ 교직에 실망하는 새내기 교사들

SNS에는 교직의 미래에 희망을 갖지 못하는 새내기 교사들의 하소연과 걱정이 넘쳐나고 있습니다. 일본 교육 신문 기사에 따르면 2021년에 도쿄도에서 신규 채용한 교사 중에서 그해 말까지 버티지 못하고 개인적인 사정으로 퇴직한 비율이 과거 5년 동안 가장 높았다고 합니다. 초임 교사 100명 중 4명 정도가 1년 만에 퇴식한 셈입니다.

본래 교사라는 직업은 멋진 직업입니다. 하지만 그 멋짐을 느끼거나 보람을 얻기 전에 실망하는 새내기 교사가 아주 많이 있습니다. 특히 현장에 나온 지 2~3년 된 새내기 교사는 초임 때와 비교해서 현실을 냉정하게 바라볼 여유가 생겼기 때문에 교직의 어려운 부분이 눈에 띄기 시작합니다. 새내기 교사들이 상상하는 '미래의 자기 모습'과 겹쳐 보이는 것은 바로 가까이에서 일하는 중견 교사나 선배 교사입니다. 그런데 주위에, 피로에 지친 표정으로 한숨만 쉬고 있는 교사만 있다면 희망을 가질 수가 없습니다.

확실히 교육 현장에는 많은 과제가 있기 때문에 한숨이 나올 때도 있을 것입니다. 하지만 그 모습을 새내기 교사들이 보고 있다는 사실을 기억해두는 것이 좋겠습니다.

◆ 밑져야 본전이면 됐다! 교직의 매력을 전달하라

새내기 교사의 실망감을 완전히 없앨 수는 없을 것입니다. 하지만 우리가 할 수 있는 것이 있습니다.

그것은 '**교직의 매력을 전달하는 것**'입니다.

전달 방법은 다양합니다. "교사가 하는 일은 제 경우에 이럴 때 가장 감동적이었어요"라며 자신의 경험담을 이야기하거나 자신이 즐겁게 일하는 모습을 보여주며 행동으로 표현하는 등 여러 가지 방법을 활용하면 좋을 것입니다. 또는 학생들의 활기차고 반짝이는 모습을 보여주어서 간접적으로 교직의 매력을 전달할 수도 있을 것입니다.

'**새내기 교사에게 꿈을 보여주는 것도 훌륭한 일 중 하나다**'라고 생각하고 자신이 잘하는 방법으로 교직의 매력을 전달하는 것이 좋다고 생각합니다.

◆ 목표를 의식하게 한다

새내기 교사뿐만 아니라 우리 같은 중견 교사도 1년 동안 99.9퍼센트는 괴로움과 고생의 연속이고 때로는 교직에 대해 실망할 만한 순간을 마주하기도 합니다. 그러나 아주 잠깐 동안이라도 마음을 움직이게 만드는 순간이 있으면 겨우 0.1퍼센트의 보람으로 '교사가 되길 잘했다'라며 보상받는 느낌을 갖게 됩니다.

그 대표적인 것이 졸업식입니다. 많은 어려움이 있기 때문에 졸업식까지 가는 여정은 참으로 길고 괴롭습니다. 하지만 제가 처음으로 졸업생을 보낼 때 '오늘까지 열심히 노력하기를 정말 잘했다', '교사는 참 좋은 직업이다'라고 생각했습니다. 이는 졸업식에 한정된 이야기가 아닙니다. 이처럼 교육 현장에서 기쁜 순간을 느끼게 된다면 '일단 학년이 바뀔 때까지 열심히 노력해봐야겠다', '이 학생들이 졸업할 때까지는 좀 더 힘을 내야겠다'라는 마음이 자기 자신을 지탱해주는 힘이 됩니다.

◆ 실망의 원인인 과제를 정리한다

새내기 교사가 교직에 깊은 실망감을 느끼는 기색을 발견했을 때 해야 할 일은 과제를 찾아내는 것입니다. 선배 교사도 새내기 교사와 함께 떠오르는 문제들을 이야기해봅니다.

과제를 모두 찾아냈다면 다음 두 가지 가운데 어느 쪽에 해당하는지 분류해봅니다.

> ① 자신의 연구와 노력으로 어떻게든 할 수 있는 것
> ② 자신의 연구와 노력으로 어떻게도 할 수 없는 것

①의 '자신의 연구와 노력으로 어떻게든 할 수 있는 것'은 예를 들면 '수업 능력 향상'이나 '수면 시간 확보' 같은 자신의 연구와 노력과 관련된 과제입니다. 조금이라도 해결할 수 있는 수단을 새내기 교사와 함께 생각함으로써 앞으로의 전망이 밝아지게 됩니다. 그 중에는 중견 교사의 힘을 빌려서라도 해결하는 데 몇 년의 세월이 필요한 과제도 있을 것입니다. 하지만 여기서는 새내기 교사가 '스스로 할 수 있는 대처 방법을 찾는다'라는 것이 목적이기 때문에 오랜 세월이 필요한 과제는 잠시 미뤄두고 일단 눈앞에서 일어나고 있는 곤란한 일을 해결하는 수단을 생각하도록 합니다.

②의 '자신의 연구와 노력으로 어떻게도 할 수 없는 것'은 예를 들면 근무 시간이나 급여 문제 같은 '환경'이나 '구조'와 관련된 과제입니다. 이것은 새내기 교사의 연구와 노력으로 어떻게도 할 수 없는 일입니다. 교직에 실망하고 퇴직하는 교사 대부분은 '자신이 어떻게도 할 수 없는' 과제에 직면했기 때문일 것입니다.

◆ 중견 교사가 해야 할 일

그렇다면 '자신의 연구와 노력으로 어떻게도 할 수 없는 것'에 대해서 어떻게 지원을 해주면 좋을까요? 핵심은 다음의 세 가지입니다.

> 1. 현실은 바로 바꿀 수 없지만 '사고방식'을 바꾸는 것은 가능하다.
> 2. 근본적인 목적으로 되돌아간다.
> 3. 높은 곳에서 바라보고 과제를 구분한다.

1. 현실은 바로 바꿀 수 없지만 '사고방식'을 바꾸는 것은 가능하다.

'자신의 연구와 노력으로 어떻게도 할 수 없는 것'에 대처하는 비결은 '정면으로 싸우지 않는 것'입니다. 애초에 자신의 힘이 미치지 않는 것이기 때문에 어떻게든 해보려는 생각을 하지 않고 깔끔하게 포기하는 편이 현명합니다. 하지만 자신의 인생까지 포기할 필요는 없습니다.

아주 조금 과제의 관점과 사고방식을 바꾸기만 해도 쉽게 대처할 수 있을 때도 있습니다. 관점과 사고방식을 바꾸기 위해서는 2와 3의 단계를 밟아야 합니다.

2. 근본적인 목적으로 되돌아간다.

먼저 '원래 무엇을 하고 싶어서 교사가 되었는가'라는 근본적인 목적으로 되돌아가보는 것입니다. 지금 교직에 실망한 새내기 교사에게도 '학생의 성장을 돕고 싶어서 교사가 되었다'거나 '배움의 즐거움을 전달하고 싶어서 교사가 되었다'는 등, 하고 싶은 일이 있었을 것입니다.

이런 근본적인 목적으로 되돌아가서 지금 직면하고 있는 과제를 어떻게 활용할 수 있을까 생각해봅니다.

예를 들어 '배움의 즐거움을 전달하고 싶어서 교사가 되었다'라는 사람이 '위에서 지시한 서류 작업에 시간을 빼앗긴다'라는 과제가 있다고 해봅시다. 서류 작업에 대해서는 자신의 힘이 미치는 영역이 아니기 때문에 어느 정도 포기하고 어떻게든 마무리하는 수밖에 없습니다. 하지만 여전히 싫은 일이지만 어차피 해야 한다면 관점을 조금 바꾸어 보는 것이 좋겠습니다. '이 일이 자신의 목적을 달성하기 위해 어떤 수단이 될 수 있을까'를 고민하며 긍정적으로 바라볼 수 있게 됩니다.

예를 들어 '서류 작업은 정말로 귀찮다. 하지만 생각을 바꿔보면 학생들이 하는 반복 학습 같은 것이라고 할 수 있을지도 모른다. 지금 나는 그런 것을 직접 배우고 있다'라고 생각할 수 있습니다.

'왜 서류 작업은 이렇게 의욕이 나지 않는 걸까. 대부분 무엇을 위해서 하는지 잘 모르겠다. 하지만 그 이유를 알게 된다면 학생들이 즐겁게 공부할 수 있는 방법을 발견할 수 있을지도 모른다. 그래. 나는 지금까지보다 더 확실하게 학생들에게 목표를 전달해야겠다'라는 생각을 할 수 있을 것입니다.

중요한 점은 어떤 순간이라도 자신은 '무엇을 위해서 하는가'를 잊어버리지 않는 것입니다.

자신이 정말로 하고 싶은 것을 위해서 눈앞에 있는 과제와 마주합니다. 그런 마음가짐이 생기면 눈에 보이지 않는 것에 대한 가치를 좀 더 깨닫게 되고, 눈에 보이는 것에만 사로잡히지 않을 수 있게 된다고 생각합니다.

3. 높은 곳에서 바라보고 과제를 구분한다.

하지만 그중에는 도저히 어쩔 수 없는 과제도 있습니다. 앞서 설명했듯이 과제에는 자신의 연구와 노력으로 '어떻게든 할 수 있는 것'과 '어떻게도 할 수 없는 것', 두 가지로 나눌 수 있다고 했습니다. 그런데 자신이 놓인 상황과 쌓아온 경험에 따라 관점이 달라질 때도 있습니다.

예를 들어 2~3년 차 새내기 교사가 '어떻게든 할 수 있다'라고 생각해도 중견 교사가 보기에는 '구조를 바꾸지 않는 한 어떻게도 할 수 없는 것'인 경우가 있습니다. 반대로 새내기 교사가 '어떻게도 할 수 없는 것'이라고 생각하는 경우도 있습니다. 하지만 중견 교사에게는 다른 것이 보입니다. '새내기 교사가 노력하면 어떻게든 할 수 있는 과제와 관리직 교사가 움직이지 않으면 어떻게도 할 수 없는 과제, 두 가지가 포함되어 있다'는 것을 알 수 있습니다.

이렇게 생각하면 중견 교사가 넓은 관점에서 새내기 교사의 과제를 다시 파악해볼 필요가 있다는 것을 알 수 있습니다. 만약 중견 교사 혼자서는 파악하기 어려운 경우에는 자기보다 위에 있는 교사에게 의견을 구하거나 새내기 교사와 함께 교장실을 찾아가서 생각을 직접 나누어보는 것도 좋을 것입니다. 상황과 경험에 따라 관점과 사고방식이 다양해지면 과제 해결의 폭이 넓어집니다.

저는 과거에 선배님에게 이런 것을 배웠습니다.
'어떤 일을 생각할 때에는 곤충의 눈, 새의 눈, 물고기의 눈, 이 세 가지 눈으로 하는 것이 중요하다. 곤충의 눈은 눈앞에 있는 세부적인 것을 보는 눈, 새의 눈은 높은 시점에서 폭넓게 보는 눈, 물고기의 눈은 시대의 흐름을 파악해서 미래를 예측하는 눈이다'
관점을 넓혀 보고 다양한 각도에서 과제 해결의 가능성을 찾았다면 그 다음에는 새내기 교사 자신이 자신의 의사로 결정하는 것입니다. 교직에서는 과제 해결을 위해 노력하는 것도 좋고 다른 길을 선택하는 것도 좋습니다. 새내기 교사가 스스로 긍정적으로 결정한 인생이라면 그것으로 충분합니다. 비록 그것이 '교사를 그만둔다'는 선택이었다고 해도, 그 후에도 행복한 인생을 계속 살아가기를 바랍니다.

PART **3**

자립하기 시작하니 남의 떡이 커 보이는 4~5년 차 '새내기 교사'

선배 교사나 동료 교사에게 짜증이 나기 시작했다…

새내기 교사의 속마음

교사가 된 지 4년째다. 오늘은 새 학기가 시작되기 전날. 새 학기에 학생들을 맞이하기 위해 준비를 하는 날이야.

그런데 곤란한 일이 생겼어. 학년 부장님이 업무 협력을 제대로 해주지 않아. '사소한 업무는 자기 일이 아니다'라는 태도로 자신은 다른 사람에게 지시를 내리기만 해.

다른 중요한 일이 있는지는 모르겠지만 아무런 설명도 하지 않고 교무실에서 꼼짝도 하지 않으려고 해. 교실 정비와 사물함 이름표 붙이기 등 모두가 같이 하면 순식간에 끝낼 수 있을 텐데…. 모든 사람이 괜한 문제 만들기 싫어서 아무 말도 하지 않지만….

최근에는 이런 상황에 처하면 바로 짜증이 솟구친다.

또한 수업 시수가 적은 선생님들을 보면 억울해. 나는 날마다 쉬는 시간도 없이 열심히 일하고 있는데…. 게다가 수업 시간이 많든 적든 월급이 똑같다는 점이 이해가 되지 않아.

하지만 솔직히 그런 생각조차 하기 싫다. 도대체 왜 이렇게 짜증이 날까…, 어떻게든 변하고 싶어.

◆ 하기 어려운 말은 '제안'으로 전달한다

'일에 대해 부정적인 사람'이나 '조금 까다로운 사람'은 어느 조직에나 있습니다. 상대가 베테랑일수록 더욱 지적하기 어렵고 주위 사람들은 스트레스를 많이 받게 됩니다.

이럴 때 중견 교사가 할 수 있는 일은 새내기 교사와 관리직 교사를 포함한 베테랑 교사 사이의 다리 역할이 되어주는 것입니다. 새내기 교사의 마음속에 있는 '이런 말을 하기 어렵다'는 불만이나 의문을 제대로 대신 말해줄 수 있으면 다들 행복하게 일할 수 있을 것입니다. 그러기 위해서는 전달하는 방식과 타이밍을 고민하는 것이 중요합니다. 구체적으로 '제안하는 방식'으로 하고, 한 해 시작 무렵 또는 학기 초에 하는 회의 등 모든 교사가 공통의 목적을 공유할 때 전달하기를 권합니다.

업무에 비협조적인 생활안전 부장님에게 중견 교사는 이렇게 제안해봅니다.

"올해는 작은 일이라도 결정된 것은 다들 함께하는 것이 좋지 않을까요? 애초에 우리 목적은 ○○이니까요…."

이런 전달 방식이라면 필요 이상으로 상대의 기분을 상하게 하는 일 없이, 하고 싶은 말을 전달할 수 있습니다. 그동안 의문을 품고 있었던 새내기 교사도 '지금까지 하기 어려웠던 말을 대신 해줘서 다행이다'라고 내심 안심하고 있을 것입니다.

◆ 새내기 교사와 베테랑 교사를 연결시켜준다

새내기 교사의 롤모델이 될 만한 베테랑 교사와 연결해줄 수 있다면 새내기 교사의 성장을 앞당길 뿐만 아니라 베테랑 교사와 유대감도 만들 수 있습니다.

예를 들면 다음과 같은 상황입니다.

> 새내기 교사 : 저희 반, 급식 준비가 늦어져서…어떻게 하면 빨리 할 수 있을까요….
> 중견 교사 : 그 문제라면 A 선생님 반이 참고가 될 겁니다! 한 번 견학해볼래요? A 선생님~! 새내기 선생님이 급식 지도로 고민을 하는데 괜찮다면 꼭….

새내기 교사가 힘들어할 때 상담해주거나 의지가 되어줄 상대는 그리 많지 않습니다. 그래서 평소에 다양한 선생님들의 정보를 모으고 새내기 교사와 어떤 교사를 연결할지 생각해놓습니다. 그렇게 하면 새내기 교사뿐만 아니라 베테랑 교사도 교무실에서 일하는 동안 기분이 좋아지고 '누구 한 사람도 뒤처지지 않는 교무실'을 실현하는 데 한 걸음 더 다가갈 수 있습니다.

◆ 성실하게 노력하는 새내기 교사가 보답을 얻는 직장으로

 대부분의 교사가 불평등한 상황에서 불만을 느낍니다. 수업 시간이 많은 교과목 담당 교사가 '수업 시간이 적은 선생님이 부럽다'라고 말하고 싶은 마음도 이해가 갑니다. 하지만 학교의 규모와 사정에 따라 수업 시간 수와 담당하는 업무량이 다른 것도 어쩔 수 없는 것입니다. 그리고 겉으로는 보이지 않지만 커다란 부담을 안고 있는 교사도 있을 것입니다. 같은 직장에서 근무하는 교사라고 해도 각자의 사정과 상황이 다릅니다. 따라서 서로의 처지와 업무 내용을 이해하기 위해 양보하며 노력해나가는 것이 필요합니다.

 또한 불만을 느끼는 배경에는 '내 노력을 인정해주지 않는다', '좀 더 높은 평가를 받아도 좋을 텐데'라는 인정 욕구가 숨어 있을 때도 있습니다. 그런 경우에는 '열심히 노력하는 것은 당연하다', '일이니까 힘든 것도 참는 것이 당연하다'라는 자세를 취하면 역효과가 납니다.
 따라서 새내기 교사의 노력을 적극적으로 인정해주는 것이 무엇보다 중요합니다. **"수업 시간도 많아서 힘들 텐데 언제나 고마워요"**, **"일이 많이 쌓여서 힘들겠네요. 무언가 도울 수 있는 일이 있다면 언제든지 말해요"**라는 말을 평소에 해주는 것만으로도 새내기 교사는 큰 위로와 인정받는다는 느낌을 받을 것입니다.

다양한 상황에서 '선생님이 언제나 노력하고 있는 것은 알고 있어요'라는 메시지를 계속 전해주세요. 아울러 관리직 교사와 함께 이야기를 나누면서 정보도 공유하시기 바랍니다. 이렇게 해서 성실하게 열심히 노력하는 사람이 보상을 받을 수 있는 직장이 되면 좋겠습니다.

◆ 자신의 목적을 잃어버리지 않고 앞으로 나아간다

자신이 정말로 하고 싶은 일에 몰두하고 있을 때 사람은 주위 상황이 어떻게 돌아가고 있는지 신경을 쓰지 못하게 됩니다. 하지만 주위 상황이 신경 쓰인다면 자신이 하고 있는 일에 의미를 발견하지 못했을 가능성이 있습니다.

만약 새내기 교사가 '성실하게 열심히 노력하는 자신이 손해 보는 느낌이 든다'라는 생각을 하고 있다면 어떻게 해야 할까요? 지금 다시 한 번 **무엇을 위해서** 일을 하는가, 자신의 가장 큰 목적이 무엇인지 떠올리도록 곁에서 조언을 해주는 것이 좋습니다.

옆 교실에서 들려오는 즐거운 듯한 목소리가 신경 쓰인다

※ 오른쪽에서 왼쪽으로 읽으세요.

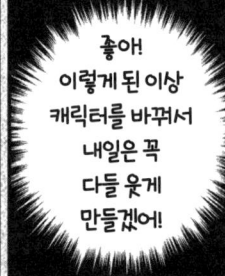

새내기 교사의 속마음

"꺄하하하하!"

옆 반은 오늘도 들떠 있는 모양이다. 웃음소리가 끊이지 않는다.

그러면 우리 반 학생들은 이렇게 말한다.

"좋겠다~ 또 신났네! 옆 반은 서로 사이도 좋아서 즐거워 보여", "선생님, 저희도 좀 더 재밌는 걸 했으면 좋겠어요~!"

분명히 옆 반이 부러운가 보다.

수업도 그래. 언제나 옆 반의 상황이 신경 쓰여.

재미없는 수업만 해서 미안해….

언제나 '옆 반은 좋겠다'라고 생각하게 만들어서 미안해….

학생들이 나를 '아웃사이더'라고 생각하고 있을지도 모르겠다.

학생들이 좀 더 웃는 얼굴로 지낼 수 있도록 하고 싶은데….

어떻게 하면 좋을지 정말로 모르겠어.

◆ 남의 떡이 커 보인다

교단에 서고 나서 어느 정도 시간이 흐르면 '남의 떡이 커 보인다'라는 현상이 나타납니다. 'A 선생님에 비해서 나의 학급 경영은 아주 엉망이야', 'B 선생님은 학생들에게 신뢰를 받고 있는데 나는…' 하며 주위와 비교할 때마다 자신감을 잃어버리는 현상입니다. 이럴 때는 새내기 교사가 갖고 있는 장점이나 이미 잘하고 있는 것을 깨닫도록 말을 건네주는 것이 좋습니다.

"맞아요. 확실히 C 선생님은 학생들을 웃게 만드는 게 특기예요. 그런데 학생들이 선생님 수업은 굉장히 깊이가 있어서 생각하게 만들어 준다고 하던데요. 학생들 하나하나의 표정을 잘 살펴보고 날마다 고민하면서 수업을 온 마음을 다해 준비하고 있잖아요."

이런 식으로 학생들의 말을 빌려서 새내기 교사에게 이야기해 줍니다. 어느 정도 각색을 하더라도 괜찮습니다. '선생님에게는 이런 장점이 있어요', 'D 선생님이 이런 이야기를 했어요', '선생님의 강점이 이렇게나 학생들에게 힘이 되어주는 것입니다'라고 긍정적인 메시지를 전해줍니다. 이렇게 하면 다른 사람과 비교해서 우울해하는 새내기 교사도 '좀 더 나를 믿어 봐도 될까' 하고 생각하게 될 것입니다.

◆ 왜 옆 반 선생님이 신경 쓰일까?

도대체 왜 새내기 교사는 옆 반에 신경을 쓰게 될까요?

과거에 저도 같은 일로 고민한 경험이 있기 때문에 그 이유를 알고 있습니다. 그것은 분명히 '한가하기 때문'입니다. 새내기 교사가 받아들이기 힘들지도 모르지만 사실입니다.

수업을 하면서 학생들에게 온 마음을 다해 이야기를 하고 있을 때는 옆 교실에서 들려오는 웃음소리는 귀에 들어오지 않습니다. 옆 반 소리가 귀에 들려오는 것은 대부분 학생들에게 무엇을 하라고 지시해서 조용해진 시간이거나 수업이 어느 정도 마무리되어 차분해진 시간대입니다. 마음에 여유가 생기고 한가해지면 불필요한 생각을 하게 되는 것입니다. 게다가 그런 생각이 마침 자신감이 떨어진 시기이거나 교사로서 스스로 열등감을 느끼는 시기라면 주위에서 부러운 정보만 귀에 들어오게 됩니다.

저도 교사가 된 지 얼마 안 되었을 무렵에는 동료 선생님들과 저를 비교하면서 열등감을 품고 있었습니다. 어느 순간 'A 선생님은 저렇게 훌륭하게 수업을 하는데 내 수업은…' 하며 교무실에서 우울해하고 있었는데 선배님이 "아무리 노력해도 A 선생님처럼은 되지 못해요. 경험도 성격도 전혀 다르니까요"라고 위로해주었습니다. 하지만 당시 저는 그것을 받아들이지 못하고 A

선생님과 같은 방식으로 학생들을 야단치거나 유머를 섞은 수업을 목표로 하거나 흉내 낼 수 있는 것은 모두 다 따라해 보았습니다. 그런데 아무래도 A 선생님의 수업처럼 되지는 못했습니다. 그렇게까지 하고 나서 겨우 깨달았습니다. 'A 선생님은 A 선생님의 성격과 개성으로 이루어진 수업을 하기 때문에 내가 아무리 따라하려고 해도 겉모습만으로는 잘될 리가 없는 것이다'라는 것입니다. 다른 선생님과 비교하기 쉬운 새내기 교사에게 어떤 말을 해주는 것이 정답인지 솔직히 잘 모르겠습니다. 하지만 저는 새내기 교사가 스스로 해답에 도달할 때까지 이런 말을 반복해서 전해주고 싶습니다.

'그렇게 하면 안 된다는 걸 알고 있어도 다른 사람과 비교해서 우울해하는 것은 한가하기 때문이다. 주위에 신경을 쓸 여유가 없을 정도로 눈앞의 학생들에게 온 힘을 다 기울이고, 자신의 목표를 향해 몰두해보자! 그러는 사이에 자신에게만 있는 강점을 발견해서, 자신에게만 있는 것으로 갈고 닦으면 된다!'

◆ 다양한 개성의 교사가 있는 학교야말로 멋지다

교사는 왠지 모르게 고정관념에 사로잡혀 있는 부분이 있다는 생각이 듭니다.

'학생들이 활기차게 지낼 정도로 좋은 반이다'
'수업 중에 한 번은 웃겨주어야 한다'
'선생님은 밝고 유머 감각이 있어야 한다'

어쩌면 이런 고정 관념이나 이미지에 사로잡혀 새내기 교사들이 원래의 목적을 인식하기 어려워진 것인지도 모릅니다. 현재는 학생들의 다양성이 존중받는 시대이기 때문에 교사들도 더욱 개성과 다양성이 인정되어야 하는 것이 아닐까 생각합니다.

물론 다른 사람과 비교해서 자신을 객관적으로 바라보고 반성하는 것은 중요합니다. 또한 주위의 상황을 관찰할 수 있게 되었다는 것은 성장의 증거이기도 합니다. 하지만 비교만 하고 있다 보면 자신에 대한 자신감이 사라져서 점점 표정이 어두워져 갑니다. 그래서 다른 사람과 비교해서 자신감을 잃은 새내기 교사에게는 다음과 같은 말을 해주고 곁에 있어주면 좋습니다.
"좋은 학생이 100명 있다면 좋은 선생님도 100명 있어요", "지금 이대로라도 충분히 잘하고 있다고 생각하지만 어떻게 하고 싶은가요?", "앞으로 좀 더 자기답게 즐겁게 해낼 수 있는 방법을 함께 찾아봐요"

마침내 모든 교사를 이끄는 '업무 부장'을 맡았다!

※ 오른쪽에서 왼쪽으로 읽으세요.

새내기 교사의 속마음

드디어 학년 행사 업무 부장이 되었어. 중요한 역할을 맡게 된 것은 기쁘다. 하지만 조금 불안해….

학년 부장님은 "아직 업무 부장을 맡아본 적이 없지요? 좋은 경험이 될 테니 한 번 해볼래요? 모두가 도와주면 어떻게든 되겠지요"라고 말해주셨지만 내가 잘해낼 수 있을까.

다른 선생님이 하는 것은 본 적이 있지만 늦게까지 초과 근무를 하고 굉장히 힘들어 보였어. 원래 사람들 앞에 나서거나 이끌어 가는 것은 잘하는 편이 아니다.

책임이 무거워졌어….

제대로 해내지 못하면 불만을 터뜨리는 선생님도 있을 것이고 게다가 나 같은 사람이 업무 부장이 되면 '왜 저 사람이'라고 생각하지 않을까….

하지만 교사가 된 지 벌써 4년째다. 주위에 있는 새내기 교사들은 훨씬 빨리 팀장을 경험했고 나도 이제 책임이 무거운 일도 해야 하는 시기가 되었다고 생각해.

업무 부장을 해보고 싶은 마음은 있었어.

나도 잘해낼 수 있겠지…?

◆ 마법의 질문 "어떻게 하고 싶은가요?"

4년 차 새내기 교사에게 먼저 하고 싶은 질문은 이것입니다.

"앞으로 이 일을 담당하게 되면 선생님은 어떻게 하고 싶다고 생각하나요?"

해보고 싶은 일과 마음속으로 그려보고 있는 이상적인 모습, 또는 '이렇게 하고 싶지 않다'라는 바람에 대해서 떠오르는 대로 말해달라고 합니다.

지금까지 새내기 교사와 소통하며 느낀 것이 있습니다. 이런 질문에 대해 바로 자신의 생각을 말하는 새내기 교사는 거의 없다는 점입니다. 대부분 "글쎄요…아직 생각이 정리되지 않았기 때문에 조금 더 생각해봐도 되겠습니까?"라고 말하고 나중에 자신의 생각을 전달하러 저를 찾아옵니다. 하지만 이런 질문의 목적은 바로 대답을 얻는 것이 아닙니다. 질문을 계기로 자신이 맡은 일과 마주하게 하고 자신의 이상과 바람에 대해 곰곰이 생각하게 하는 것이 진짜 목적입니다.

'책임이 무겁다', '실패하면 어떡하지'라고 생각하는 것은 마치 방으로 들어가고 싶은 마음은 있는데 문 앞에서 멈춰 서 있는 것과 같습니다. 이 단계에 있다는 것은 아직 일의 과제와 목적을 자신만의 일로 받아들이지 못했다는 증거라고 저는 생각합니다.

자신이 하고 싶은 일과 목적, 해야 할 일이 확실하게 보이면 신기하게도 흔들리지 않고 앞으로 나아갈 수 있게 됩니다. 먼저 새내기 교사의 생각을 끌어낸 후에 그 첫 걸음까지 동행해주는 것부터 시작하면 됩니다.

◆ 최상위 목적을 명확하게 해서 목표 이미지를 만든다

새내기 교사의 생각을 끌어냈다면 행사를 담당할 때 최상위 목적을 명확하게 합니다.

여기서도 1장에서 소개한 '누구에게 무슨 말을 듣고 싶은가'를 생각해봅니다. 예를 들어 "학생들 모두에게 '이 행사에 참가해서 다행이에요'라는 말을 듣고 싶어요", "선생님에게 '학생들 모두 활기차게 잘 지내는군요'라는 말을 듣고 싶습니다" 등이 목적일 것입니다.

목적이 명확해지면 그것을 다른 선생님이나 학생들과 공유하기 위한 수단을 생각해봅니다. 이때 논의가 원활하게 진행되도록 사전 작업이 필요합니다. 학년 부장님이나 다른 교사들과 미리 상의하는 것이 좋습니다. "그러고 보니 새내기 선생님은 이런 일이 하고 싶다고 했어요", "실패를 두려워하니까 선생님이 새내기 선생님을 조금 도와주셨으면 합니다"와 같은 식으로 말입니다.

◆ 3초가 거듭 쌓여서 3년 후의 자신을 만든다

저는 교사가 된 지 얼마 안 되었을 무렵에 "조금은 과감하게 일을 하면 훨씬 빠르게 성장해요"라고 선배님에게 배웠습니다. 처음에는 '잘할 수 있을지 조금 불안하다'라고 생각했습니다. 그런데 막상 해보니 '주위에서 도와줘서 의외로 잘해냈다', '어쩌면 조금 성장했을지도 모르겠다'라는 생각이 계속 들었습니다. 사람은 조금은 과감하게 도전하면서 성장하게 됩니다.

얼마 전에 모교에 가보니 이런 말이 벽에 붙어 있었습니다.
'3초가 거듭 쌓여서 3년 후의 자신을 만든다'
우리 교사의 성장도 정말로 이 말과 같다고 생각합니다. 조금씩 과감하게 노력을 거듭하다 보면 미래의 자신이 만들어지고 그런 감각을, 망설이기 쉬운 새내기 교사들에게도 경험할 수 있도록 도와주면 좋겠습니다.

◆ '업무 부장'을 지지하기 위해서

행사 업무에 관한 이야기입니다. 제가 처음으로 업무 부장을 맡았을 때는 전체적인 관점을 갖지 못했습니다. 그래서 어느 정도 업무의 전체적인 모습과 일정에 대한 감각을 알고 있는 중견 교사는, 새내기 교사가 업무 부장을 맡았을 때 "이거 했어요?", "저거 했어요?"라고 세심하게 확인해주면 좋습니다.

만약 세심하게 살펴줄 여유가 없는 경우에는 해야 할 일을 한눈에 볼 수 있도록 정리해 놓으면 됩니다. 예를 들어 컴퓨터나 화이트보드에 해야 할 일 목록을 적어 두고 일의 진척 상황을 공유합니다. 이를 통해 새내기 교사가 지금 어떤 작업에서 좌절을 겪고 있고, 어디까지 진행되고 있는지, 주위와 공유할 수 있는 시스템을 구축합니다.

저도 늘 반성하고 있습니다. '업무 부장'이라는 역할이나 직함만으로 일을 판단하게 되면 '일을 하는 것이 당연하다'는 생각에 빠지기 쉽습니다. '업무 부장이니까 이 일을 하는 것은 당연하다'가 아니라 업무 부장의 일 하나하나에 '우리 대신 노력해줘서 고맙다'라는 마음으로 감사의 말을 새내기 교사에게 직접 전해주면 좋겠습니다.

일을 누군가와 나누는 건 어떻게 하면 좋을까?

※ 오른쪽에서 왼쪽으로 읽으세요.

새내기 교사의 속마음

오늘도 또 초과 근무야. 후배들은 이미 퇴근했어.
내가 일 처리가 서투른 건지 일을 마무리하지 못했어….
왜 언제나 나 혼자 일을 떠안고 있는 걸까.
후배에게 일을 좀 더 맡기면 좋다는 것을 알고 있지만 왠지 모르게 부탁하기 어려워서 말을 꺼내기가 어렵다.
다른 사람에게 조심스럽게 일을 부탁하느니 차라리 '내가 하는 게 빠르고 편하다'라고 생각하게 돼….

그래서 계속 일을 떠맡게 되고 내가 괴로워진다….
어떻게 하면 일을 잘 분담할 수 있을까.
좀 더 선배답게 일을 처리할 수 있었으면 좋겠어.

◆ 일을 나누지 못하는 네 가지 유형

동료 교사와 일을 나누지 못하는 네 가지 유형이 있습니다.

① '떠안고 있는' 유형. 팀으로 한다는 발상으로 전환한다.

새내기 교사가 일을 맡았을 때 빠지기 쉬운 것이 '일을 다른 사람에게 부탁하기 어려워서 혼자서 감당하고 있는' 유형입니다. 새내기 교사가 열심히 노력하면 어떻게든 되는 경우도 있지만 잘된다고 해서 좋은 것만은 아닙니다. 일을 혼자 감당하는 것은 후배가 성장할 기회를 빼앗는 것이기도 하기 때문입니다.

게다가 일을 늘 혼자 떠맡고 있으면 피로감이 계속 쌓이기만 해서 결국 문제가 생기게 됩니다. 그래서 새내기 교사는 '일에는 팀워크가 중요하다'라는 기본을 이해할 필요가 있습니다. 그중에는 '일을 나누지 않고 자기 혼자 다 해서 자신의 평가를 올리고 싶다'라고 생각하는 새내기 교사도 있습니다. 이 경우에는 '독단적인 행동은 좋은 평가를 받지 못한다'는 것을 이해할 필요가 있습니다.

저도 경험이 있습니다. 처음으로 숙박을 해야 하는 행사의 업무 부장을 맡았을 때 혼자서도 잘할 수 있다고 생각하고 동료 교사들에게 일을 나누어주지 않고 대부분 혼자서 진행했던 적이 있습니다. 행사 후 설문조사에서 선배 교사에게 이런 피드백을 받았습니다. '다른 사람에게 좀 더 일을 나누어주면 좋겠다고 생각합니다. 다음에 업무 부장을 맡는다면 좀 더 일을 분담하는 게 좋을 것 같습니다.' 그런데 그런 지적을 받기 전까지 제가 욕심을 너무 부렸다는 것을 전혀 깨닫지 못했습니다.

눈앞에 닥친 일에 온 힘을 다해 매달리고 있을 때일수록 주변이 보이지 않게 되어서 자신이 잘못한 것을 좀처럼 알아차리지 못하게 됩니다. 그렇기 때문에 새내기 교사가 아무에게도 일을 함께하자고 하지 않을 때 "일을 혼자서 감당하는 것은 팀에 도움이 안 됩니다"라고 객관적으로 전달할 필요가 있습니다.

② '후배 불신' 유형. 후배 육성을 자각하게 한다.

처음 교사가 되었을 때는 일을 받는 쪽이었던 새내기 교사도 4~5년 차가 되면 달라져야 합니다. 일을 후배 교사에게 잘 나누어주고 불편한 점은 없는지 돌봐주는 기술을 습득해야 합니다. 그래도 일을 나누어주고 싶지 않아 하는 새내기 교사가 있다면 "선생님이 혼자서 일을 잘 처리할 것이라는 사실은 알고 있지만 업무 부장은 다른 사람을 신뢰하고 일을 분담하는 역할을 해야 합니다"라고 반복해서 전달해야 합니다.

'후배에게 일을 맡기는 것도 업무 중 하나', '동료 교사를 신뢰

하고 일을 분담하면서 비로소 제대로 된 교사'가 된다는 점을 인식하게 합니다. 이를 통해 새내기 교사가 후배 육성에 대한 의식을 높이도록 도와줍니다.

③ '걱정 많은' 유형. 적극적으로 일에 대해 물어본다.

주위에 신경을 쓰는 새내기 교사일수록 상대의 기분과 반응이 걱정되어서 일을 부탁하는 말을 쉽사리 꺼내지 못합니다. 상대가 베테랑 교사이거나 조금 까다로운 교사라면 더욱 말하기 어렵습니다. 그럴 때 중견 교사가 먼저 도움의 손길을 내밉니다. "나는 무엇을 하면 좋을까요?", "나에게도 맡길 일이 있어요?"라고 적극적으로 일에 대해 물어보는 등 새내기 교사가 일을 분담하기 쉬운 분위기를 만드는 것이 중요합니다.

이렇게 하면 새내기 교사는 일을 분담하는 것에 조금씩 익숙해지고 '담당자로서 일을 나누는 것은 자연스러운 것이다'라는 감각을 익히게 됩니다.

④ '작업 관리가 서툰' 유형. 일을 분담하는 준비를 도와준다.

이것은 단순히 '작업을 관리하고 일을 나누는 것이 서툰' 유형입니다. 이런 경우에는 해결 방법이 명확합니다. 해야 할 일의 전체적인 모습을 파악하고 그것을 누구에게 어떻게 분담할지, 업무를 섬세하게 나눌 수 있도록 도와주면 됩니다.

그래서 먼저 일의 내용을 들어보고 나서 구체적인 제안을 합니다. "이번에는 전부 이만큼의 일이 있으니까 이 일은 A 선생님에게, 저 일은 B 선생님에게 맡기는 것이 어떨까요?"라는 식으로 체계적으로 일을 분담하는 계획을 세우도록 제안합니다.

그때 누구에게 어떤 일을 맡기느냐에 대해 반드시 의도를 갖도록 조언합니다. 예를 들어 "C 선생님은 학교 외부 사람과 협상하는 것이 특기니까 이 일을 맡기세요", "D 선생님은 다른 중요한 일을 하고 있으니까 이 일을 맡기는 것이 좋겠어요"라는 식으로 전달합니다. 이렇게 하면 "왜 이 일은 ○○ 선생님이 해야 하는지"를 구체적으로 생각해볼 수 있게 됩니다.

어느 정도 할 수 있지만
이래도 괜찮을까 불안하다…

※ 오른쪽에서 왼쪽으로 읽으세요.

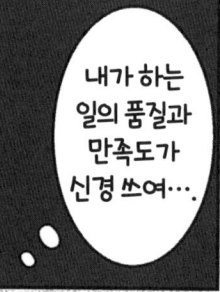

새내기 교사의 속마음

드디어 선배에게 기대지 않고도 업무를 진행할 수 있게 되었어. 웬만한 일은 대부분 스스로 할 수 있게 되었다고 생각해.

3년 차까지는 힘들었지만….

'고진감래(苦盡甘來)'라는 말도 있지 않나.

지금까지 걸어왔던 길을 되돌아보면 그 사실을 깊이 깨닫게 돼.

얼마 전에는 축제 담당 교사가 되었어. 축제 당일에는 학생들이 열심히 해주어서 굉장히 신나고 좋았어.

하지만 한 가지 신경 쓰이는 점이 있어.

'동료 선생님들이 어떻게 생각할까'야.

독단적인 자기 만족이 된 것은 아닐까….

무언가 개선할 수 있는 점이 있다면 다음에는 더 발전하고 싶어….

자신이 하는 일이 얼마나 효율적인지는 스스로 잘 깨닫지 못해.

정말로 괜찮은 걸까.

좀 더 성장하기 위해 필요한 나의 과제가 무엇인지 알고 싶어.

◆ 새내기 교사가 어엿한 교사가 되기 시작했다는 증거

선배에게 "이거 했어요?", "저거 했어요?"라고 확인받는 단계에서 벗어나면 그 다음에는 자신의 업무 품질이 신경 쓰이기 시작합니다. 중견 교사는 '특별히 조언할 것이 없을 정도로 충분히 잘하고 있다'라고 생각하기 때문에 아무 말도 하지 않을 뿐입니다. 하지만 새내기 교사는 '아무 말도 하지 않는 것'에 대해 불안감을 느끼는 것 같습니다. 새내기 교사는 이 단계가 되면 '드디어 어엿한 교사가 되기 시작했다는 증거다'라고 생각하며 기분이 좋아질 것입니다.

이런 고민이나 불안감을 느낀다는 것은 무엇을 의미할까요? 주위를 돌아볼 여유가 생겨서 시야가 넓어졌다는 뜻입니다. 또한 다른 사람을 고려하며 자신의 일을 돌아보려고 한다는 의미이기도 합니다. 그래서 새내기 교사에게 "선생님 덕분에 행사가 굉장히 잘 끝났어요. 고마워요. 특히 학생들이 하고 싶어 하는 것을 하도록 지원해준 부분이 정말 좋았어요"라는 식으로 긍정적인 피드백을 해줍니다. 그리고 "선생님은 뭔가 신경 쓰이거나 좀 더 잘할 수 있을 것 같은 부분이 있나요?"라고 심경을 물으면서 미래에 대해 함께 생각해가면 좋을 것입니다.

◆ 목표 설정을 해두면 되돌아보는 것도 가능하다

업무 품질이 걱정될 때 먼저 '목표 설정이 어땠는가'를 돌아봅니다.

학생들에게 하는 수업을 떠올려봅니다. 수업을 할 때 목표가 적절하지 않으면 학생을 평가하는, 즉 돌아보는 관점이 정해지지 않습니다. 이것과 마찬가지로 새내기 교사가 업무 목표 설정을 할 때에는 '자신의 업무가 어느 정도 가능했는가', '업무 품질이 어느 정도였나'에 대해 돌아보고 적절한 목표를 설정하는 것이 꼭 필요합니다. 새내기 교사가 '일의 성과가 느껴지지 않는다'라고 말한다면 목표 설정이 너무 낮았을 가능성도 있습니다. 앞으로 더 효율적으로 일하기 위해서라도 목표 설정 방식에 대해 다시 점검하는 것이 중요합니다.

◆ 'KPT'로 되돌아본다

'KPT'는 일반 기업에서 사용하는 회고 방법입니다. 원래 시스템 개발 현장에서 이용되는 방법으로 세 가지 관점에서 되돌아보면서 업무 개선을 가속화하는 체계입니다.

> Keep ········· 성과가 나와서 계속하는 것(좋았던 점)
> Problem ····· 해결해야 할 과제(나빴던 점)
> Try ··········· 다음에 집중해야 할 것(개선할 점)

이를 바탕으로 예를 들어 축제에 대해 돌아보면 다음과 같이 됩니다.

> Keep ········· 올해부터 의견 발표를 할 때 슬라이드를 도입한 점이 좋았다.
> Problem ····· 전시회장에서 작품 파손이 있었다.
> Try ··········· 전시 견학 규칙을 실행 위원회에서 다시 검토한다.

이는 하나의 사례입니다. 이처럼 KPT를 활용해서 'Keep(성과가 나와서 계속하는 것)'은 그대로 이어나가고, 다음에 집중해야 할 개선책 'Try'가 명확해지기 때문에 일의 품질이 높아집니다. 이렇게 긍정적인 선순환이 생겨나는 것이 KPT로 돌아보는 큰 장점입니다.

KPT를 실행할 때는 메모지와 화이트보드 등을 이용해서 직접 만나 의견을 나누는 것이 효율적입니다.

다음과 같이 틀을 준비해서 메모지를 붙여갑니다. 핵심은 브레인스토밍처럼 떠오르는 것은 모두 자유롭게 메모지에 써서 붙이고, 선별은 하지 않는 것입니다. KPT의 목적은 '과제를 공유하고 개선해야 할 점을 명확히 하는 것'입니다. 그래서 어떤 의견을 부정하지 않고 긍정적으로 검토해나갑니다.

 종이 메모지를 사용하지 않고 구글 잼보드 등 정보 통신 기술 도구를 활용해도 됩니다.
 KPT는 혼자서도 사용할 수 있는 방법이기 때문에 설문 서식을 KPT로 바꿔보거나 잠시 시간을 내서 돌아보는 것도 좋을 것입니다.

Keep	**Try**
·이대로 계속할 것	·다음에 집중해야 할 것
Problem	
·해결해야 할 과제	

관리직 교사에게 인정을 받지 못하는 기분이 든다

※ 오른쪽에서 왼쪽으로 읽으세요.

새내기 교사의 속마음

왠지 모르게 아직 관리직 교사에게 인정을 받지 못하는 느낌이 들어.

다른 교사들은 교장실에 자주 드나들며 다양한 것을 배우는 모습을 보는데 나는 아직 용기가 없어서 혼자서 교장실을 찾아간 적이 없어.
다른 교사들처럼 똑똑하다고 할 수도 없고, 성격도 부정적인 편이라….

게다가 관리직 교사는 나보다 후배를 더 신뢰하는 것 같아.
얼마 전에도 내가 아니라 굳이 후배에게 일을 부탁했다. 나도 기회가 주어진다면 열심히 하고 싶은데….

왜 나보다 후배가 더 인정받는 걸까.
나도 정말 잘할 수 있는데….

◆ 관리직 교사에게 지나치게 기대하지 않는다

 관리직 교사에 대한 불만이나 실망감이 생기는 배경에는 관리직 교사에 대한 과도한 기대가 숨겨져 있습니다. 예를 들어 '다음번 교장 선생님은 교사의 업무 방식을 바꿔줄 사람이 좋겠다', '교장 선생님이니까 분명히 ○○해줄 것이다'라는 기대 말입니다. 자신의 그런 기대에 부응해주는 관리직 교사가 있다면 다행이지만 항상 마음에 드는 관리직 교사가 있는 것은 아닙니다.

 앞으로 어떤 관리직 교사 밑에서 일하더라도 적당한 거리감을 계속 유지하기 위해서 저는 새내기 교사에게 '관리직 교사에게 지나치게 기대하지 않는 것이 좋다'라고 가능한 한 빨리 알려줍니다. '분명히 ○○해줄 것이다'라고 상대에게 너무 기대하게 되면 자신의 생각대로 되지 않을 때 반드시 불만이 생기게 됩니다. 게다가 '내가 어떻게든 해야 한다'라는 주인의식이 약해져서 책임을 상대에게 떠넘기기 쉬워집니다.

 앞서 소개한 새내기 교사의 이야기로 돌아가겠습니다.

 새내기 교사는 '교장 선생님에게 인정받고 싶다'라는 바람을 갖고 있습니다. 그런데 그 바람이 이루어지지 않았을 뿐만 아니라 '왜 후배만…' 하는 불만이 깊어져서 겸허하게 자신을 돌아보는 기회를 갖지 못하게 됩니다.

하지만 교장 선생님에게 자신의 노력을 전달하고 싶다면 직접 교장실에 찾아가서 자신의 일하는 방식에 대한 피드백을 부탁하는 방법도 있습니다. 그런데 '자신을 인정해주지 않는 교장 선생님이 나쁘다'라는 마음과 '어차피 무엇을 해도 잘 안 된다'라는 포기하는 마음으로는 어떤 행동도 취하지 못하게 됩니다. 이렇게 되면 계속 괴로울 뿐이고 아무도 행복하지 않게 됩니다.

이런 새내기 교사에게 먼저 필요한 것은 다른 사람 탓을 하지 말고 '스스로 바꿔간다', '지금의 내가 할 수 있는 것은 무엇일까'라는 주인의식을 다시 갖는 것입니다.

물론 상대에게 기대하는 것 자체가 나쁜 일은 아닙니다. 하지만 '지나치게 기대하는 것'은 금물입니다. 기대는 '남에게 의존한다'라는 의미이기도 합니다. 기대 하기 때문에 실망하는 것입니다. 그래서 저는 새내기 교사에게 가능한 한 빨리 '기대가 크면 실망도 크다', '기대하는 것보다 먼저 자신이 할 수 있는 것을 찾아보라'라고 전해주려고 합니다.

◆ 교장 선생님의 생각을 대신 알려준다

중견 교사는 관리직 교사와 새내기 교사의 중간 다리 역할을 해주길 요구받는 상황에 놓여 있습니다. 먼저 교장 선생님이 어떤 생각을 갖고 있고, 어떤 일을 하고 싶어 하는 사람인지 파악해야 합니다. 그리고 필요에 따라 새내기 교사에게 교장 선생님의 생각을 대신 알려주는 것이 좋을 것입니다.

저는 새로운 교장 선생님이 부임하면 "교장 선생님께서는 어떤 학교를 만들고 싶으십니까?", "학생들을 어떻게 교육하고 싶으십니까?" 하고 비전이나 교육관을 직접 묻습니다. 교장 선생님의 비전을 미리 파악해두면 문제 상황을 올바르게 해석할 수 있습니다. 교장 선생님의 교육 철학을 바탕으로 '악의가 아니라 단순히 타이밍이 맞지 않았다'고 판단하고, 새내기 교사에게도 이런 관점을 전달할 수 있습니다.

관리직 교사와 의견이 어긋나거나 오해하는 것의 원인은 대부분 서로 소통이 부족해서입니다. 교장 선생님과 새내기 교사는 나이를 따져보면 할아버지와 손자뻘일 정도로 차이가 날 때도 있을 것입니다. 거기에 서로 상황이 다르다는 것도 더해지기 때문에 새내기 교사가 교장 선생님에게 다가가기 어려운 것은 당연합니다. 따라서 중견 교사가 교장 선생님의 생각을 파악하고 교사들의 중간 다리 역할을 해낼 수 있도록 노력해야 합니다.

◆ 관리직 교사도 제각각

관리직 교사에도 다양한 사람이 있습니다. 진심으로 존경할 수 있는 교장 선생님도 있지만 그렇지 않은 교장 선생님도 있습니다. 안타깝게도 권력을 남용하는 관리직 교사가 여전히 존재한다는 이야기를 듣습니다. 초임 교사나 경력이 짧은 새내기 교사는 어떤 관리직 교사가 '좋은 관리직 교사'이고 어떤 관리직 교사가 '부적절한 관리직 교사'인지 판단 기준을 아직 갖고 있지 않습니다. 따라서 중견 교사는 새내기 교사가 잘못된 지식을 갖기 전에 올바른 감각을 익힐 수 있도록 이끌어주는 것이 좋습니다.

새내기 교사에게 '좋은 관리직 교사'의 기준은 명확합니다. 학생들의 성장을 생각하면서 '새내기 교사가 일하기 쉬우며 잘 성장할 수 있는 환경을 만들어주는 관리직 교사냐 아니냐'입니다. 만약 좋은 관리직 교사와 함께 일한다면 중견 교사는 새내기 교사에게 말을 걸어 함께 교장실로 찾아가는 등 적극적으로 의사소통하는 것이 좋습니다.

반대로 도저히 '좋은 관리직 교사'는 아니라는 생각이 든다면 어떻게 해야 할까요? 이런 경우에는 반면교사로 삼으면 됩니다. 새내기 교사의 성장에 도움이 되는 부분을 계속해서 찾아내고,

과제 해결을 위해 우리가 할 수 있는 것은 무엇인지를 고민해야 합니다. 또한 의사소통하는 방법을 연구하는 것도 배움의 하나가 될 것입니다.

후배 교사가 좀 더 일을 잘한다

새내기 교사의 속마음

후배인 A 교사는 일처리가 굉장히 빠르다. 우수한 후배야.

"선생님~ 이 자료 이제 다 됐어요? 아직 마감 전이지만 혹시 다 됐으면 일을 빨리 진행하고 싶어서요…."

업무 처리가 느린 편인 나는 언제나 A 교사에게 재촉을 받는다.

A 교사는 적극적이야. 자신의 속도대로 일을 진행하고 싶어 한다. 그 마음은 이해가 가지만 나에게도 사정이 있다고.

나쁜 사람은 아니야. 하지만 A 교사가 있으면 일하기가 부담스럽고 교무실에서도 마음 편하게 있기가 힘들어.

그래서 솔직히 조금 불편해….

A 교사, 빨리 다른 학교로 가면 좋겠다.

이렇게 생각하는 내 마음이 좁은 건가.

분명히 내가 문제인 것 같아…. 하지만 어떻게 하면 좋을까.

◆ '신경 쓰지 않아도 된다'라는 것은 알고 있지만…

이런 상황에서는 A 교사에 대해 '신경 쓰지 않아도 된다'라고 말하고 싶습니다. A 교사는 자신의 속도대로 일을 진행하고 싶기 때문에 상대에게 지나치게 강요하는 성향이 있습니다. 그런 경우 새내기 교사는 "마감까지는 아직 시간이 남아 있어요. ○일까지 제출할 예정으로 진행하겠습니다"라고 명확하게 말하면 됩니다. 하지만 그런 중에도 '나는 A 교사보다 일을 못한다', '내가 일이 더디다고 A 교사에게 혼나는 기분이 든다'라며 괴로워하는 새내기 교사도 있을 것입니다.

일반적으로 직장을 그만두고 싶은 원인의 대부분은 '인간관계' 때문이라고 합니다. 하나하나는 작은 오해나 서운한 마음 같은 사소한 일일지도 모릅니다. 하지만 그런 작은 것들이 쌓여서 직장에 가고 싶지 않을 만큼 우울해지기도 합니다.

◆ HRT의 원칙

'HRT의 원칙'이란 말을 들어본 적이 있습니까? 이것은 2013년 일본에서 출간된 『구글의 괴짜들은 어떻게 해서 팀을 만드는가(Team Geek - Google)』(브라이언 W. 피츠패트릭, 벤 콜린스 서스

먼 지음, 가도 마사노리 옮김)라는 책에서 소개된 개념입니다. 이는 구글의 엔지니어들이 성과를 낼 수 있는 최고의 팀을 만들기 위해 필요한 세 가지 요소를 제시한 것입니다.

> **겸허(Humility)·** 세상의 중심은 당신이 아니다. 당신은 완벽하지 않고 절대로 올바른 것도 아니다. 언제나 자신을 개선해나가자.
> **존경(Respect)···** 함께 일하는 사람을 진심으로 배려하자. 상대를 한 사람의 인간으로 대접하고 그 능력과 공적을 높이 평가하자.
> **신뢰(Trust)······** 다른 사람은 유능하고 올바르다는 사실을 믿자. 그렇게 하면 일을 맡길 수 있다.

괴로운 기억이지만 저는 과거에 선배님에게 이런 말을 들은 경험이 있습니다.

"누군가와 함께 일을 할 때는 상대가 어떤 사람이어도 어느 정도 '존경'하는 마음을 갖고 있지 않으면 일이 잘되지 않아요."

이런 말을 들었을 무렵에 저는 아마도 일이 익숙해져서 조금 우쭐거렸던 것 같습니다. 동료 교사들과 문제가 생기기 전에 조언을 해준 선배님에게 정말 감사합니다.

'HRT의 원칙'의 세 가지 요소인 '겸허', '존경', '신뢰'는 초임 교사 무렵에는 자연스럽게 갖고 있지만 교직 경험 연차가 쌓이면 어느새 어디론가 사라지게 됩니다. 일에 익숙해졌을 때야말로 의식적으로 마음에 새겨두고 싶은 것입니다.

◆ '기분 좋게' 일을 할 수 있도록

'HRT의 원칙'을 근거로 A 교사의 업무 방식을 다시 살펴보면 몇 가지 개선점이 보입니다. 일 처리 능력이 높다는 것은 사실이지만 '동료 교사들과 기분 좋게 일한다'라는 점에 대해서는 생각을 바꿀 필요가 있는 것 같습니다.

예를 들어 마감일 설정의 방식을 다시 정하거나 "전달 방식을 조금 바꿔 볼까요"라고 제안을 하거나 동료 교사들의 얼굴을 떠올려보면서 기분 좋게 일을 하기 위해서 어떤 점이 중요한가에 대해 함께 생각해보도록 합니다.

이때 중견 교사가 A 교사에게 조언한 내용은 새내기 교사와도 공유합니다. 새내기 교사로서는 '내 편이 되어주는 사람이 있다', '잘 대응해줘서 고맙다'라고 안심하면서 차분하게 일을 할 수 있게 될 것입니다. 중견 교사는 언제나 중립적인 입장에서 모든 사람이 행복해지는 방법을 찾아야 합니다.

◆ 떠날 거라면 아프기 전에 떠나라

인간관계로 생긴 문제점을 빠른 시일 내에 해결하기 위해서 중견 교사는 '혼자서 감당하지 않는 것'이 좋습니다. 예를 들어 제가 후배 교사에게 상담을 받는 경우 "B 교사에게 이것을 공유하면 좋다고 생각하는데 이야기해도 될까요?"라고 의견을 확인하고 나서 가능한 한 다른 교사나 관리직 교사와 정보를 공유하도록 신경 씁니다.

직장 동료라고 해도 서로 맞지 않는 사람은 분명히 있습니다. 만약 서로 도저히 함께 일할 수 없다면 마지막 수단으로 '아프기 전에 떠난다'라는 것도 필요합니다. 그 정도까지 가면 이미 중견 교사 혼자서 해결할 수 있는 범위를 넘어서기 때문에 관리직 교사도 함께해야 할 것입니다. 경우에 따라서는 인사 배치도 포함해서 검토가 필요할지도 모릅니다. 이때도 팀으로 대응하는 것이 중요합니다.

학생들이 나를 어떻게 생각하는지 지금도 불안하다

새내기 교사의 속마음

처음 교사가 되었을 때는 가만히 있기만 해도 학생들이 먼저 말을 걸면서 다가와 주었는데 요즘에는 특별한 용무가 없는 한, 몇 사람을 제외하고 나에게 다가오지 않아.

이유는 잘 모르겠지만 학생들이 나에게 배려를 해주는 것 같기도 하고, 조금 거리를 두고 있는 것 같은 기분조차 들어.

얼굴을 마주하고 불만을 터뜨리는 학생은 없지만 마음속으로 무슨 생각을 하는지는 알 수가 없어.

어쩌면 SNS에서 험담을 하고 있는 것이 아닐까…
생각만 해도 불안해져.

그런데 작년에는 농담을 건네던 그 학생도 올해 들어서는 다소 반항적인 표정을 지을 때가 있었어.

내가 뭔가 학생들의 기분을 상하게 하는 말이나 행동을 했던 걸까.
너무 신경을 쓰는 걸까…
어쨌든 걱정이 된다.
학생들과 좀 더 좋은 관계가 되고 싶다.

◆ 우연한 순간 닥쳐오는 불안감

"학생들에 대해서 잘 모르겠어요.", "학생들이 저를 어떻게 생각할지 불안해요."

아직 경험이 부족한 새내기 교사에게 이런 불안감은 예상치 못한 순간 갑자기 찾아옵니다. 이럴 때 선배 교사라면 다음과 같이 조언하고 싶을 것입니다.

"그런 일에 신경 써봤자 소용없어요. 모른다고 하지 말고 알아가려고 노력하는 수밖에 없습니다."

"학생들이 선생님을 어떻게 생각할지 걱정하기보다는, 학생들에게 무엇을 해주고 싶은지 생각해보세요. 교사로서의 근본 목적이 더 중요합니다."

하지만 새내기 교사 입장에서는 이런 말이 차갑게 느껴질 수 있습니다. 심지어 교직을 그만두고 싶게 만드는 계기가 될 때도 있습니다.

'위기는 기회다'라는 말이 있습니다. 괴로워하거나 불안함을 느끼는 여력이 있다는 것은 발전 가능성이 있다는 것입니다. 새내기 교사에게 찾아온 성장 기회를 활용하느냐 그렇지 않느냐가 운명의 갈림길이 됩니다.

중견 교사나 동료 교사의 반응은 두 가지로 나닙니다. '시시한 일로 괴로워하네'라고 가볍게 넘기는 경우가 있고, '괴로워하는 것 같은데 이것이 성장 기회지'라고 받아들이며 도움을 주는 경우가 있습니다. 이 두 가지 반응 중 어느 쪽을 선택하느냐에 따라 새내기 교사의 교사 인생이 크게 달라질 수 있을 것입니다.

> ① 학생들과 거리를 느끼고 있는 유형
> ② 실제로 커다란 원인이 숨어 있는 유형
> ③ 성격적으로 막연하게 불안감을 품기 쉬운 유형

그렇다면 각각의 유형에 대해 어떻게 다가가면 좋을지 생각해 보겠습니다.

① 학생들과 거리를 느끼고 있는 유형
○ 안 보려고 하면 안 보이게 된다

교사 생활을 한 지 4~5년 차가 되어 일이 익숙해지면 힘을 빼야 할 때를 알게 됩니다. '이 시간에는 교무실에서 일을 해도 괜찮겠다'거나 '이건 부담임 선생님에게 맡기고 교실에는 안 가도 되겠다' 하는 식으로 생각하게 됩니다. 이렇게 되면 무작정 학생들과 함께 시간을 보내고 있던 초임 교사 시절과 비교해서 학생들과 지내는 시간이 줄어드는 새내기 교사도 생기게 됩니다.

시간을 잘 배분해서 팀이 역할을 분담하는 것도 중요하기 때문에 반드시 그것이 나쁘다고는 생각하지 않습니다. 하지만 가장 중요한 학생들과 나누는 의사소통이나 학생을 이해하는 것을 소홀히 하는 것은 주객이 전도되는 격입니다.

중견 교사 여러분은 잘 아시겠지만 아무리 같은 공간에서 같은 시간을 보낸다고 해도 학생을 '바라보려고 하는' 자세를 갖고 있지 않으면 아무것도 바라보고 있지 않는 셈이 됩니다. 그래서 괴로워하고 있는 새내기 교사에게는 다음과 같은 질문을 던져보라고 권합니다. **'나는 학생을 제대로 보려고 하는가?', '내가 먼저 학생과 마음의 거리를 만든 것은 아닌가'**에 대해 지금 다시 한 번 돌아보라고 말입니다.

○ **학생들과 거리를 느꼈을 때 해야 할 생각**

새내기 교사가 아니더라도 학생과의 관계 때문에 고민하는 선생님이 많이 있습니다. 저 자신도 아직까지 그렇습니다. 오히려 학생과의 관계에 의문을 품지 않는 것 역시 생각해볼 문제입니다. 지금까지는 잘해가고 있었는데 어느새 위화감을 느끼거나 학생들과 거리가 생긴 것처럼 느끼기 시작할 때가 있다면 다음과 같이 생각하는 것이 좋다고 선배 교사에게 배웠습니다.

"우리 교사들은 무심코 그 학생에 대해 '뭔가 거슬리는 일을 한 것은 아닐까'라고 생각하기 쉽습니다. 하지만 중요한 것은 '내

가 그 학생에게 아무것도 해주지 못했기 때문에 이렇게 된 것이 아닌가'라고 생각하는 것입니다. 그러면 다음에 해야 할 일이 보이게 됩니다."

선배 교사에게 이 말을 들었을 때 교사가 된 지 얼마 안 된 저는 깨달음을 얻는 기분이 들었습니다.

물론 뚜렷한 원인이 있어서 학생과의 관계가 안 좋아진 경우도 있을 것입니다. 하지만 아무것도 마음에 걸리는 것이 없다면 그 학생에게 자신이 앞으로 해야 할 일로 의식을 돌리는 것이 생산적일 것입니다.

인간관계는 때로는 아무런 노력을 하지 않아도 저절로 유대감이 쌓이는 경우도 있지만 노력이 필요한 경우도 있습니다. 나이도 사고방식도 다른 학생들과의 관계라면 노력이 필요한 경우가 대부분일 것입니다. 학생들의 모습은 교사 자신을 비춰주는 거울이기도 합니다. 따라서 이런 유형에서 중요한 것은 '내가 한 행동이 부족했기 때문에 학생들에게 마음의 거리를 느끼고 말았다'라는 사실을 깨닫는 것입니다.

② 실제로 커다란 원인이 숨어 있는 유형
○ 아니 땐 굴뚝에 연기 나랴

이런 경우처럼 '왠지 모르게' 느끼는 불안감에 대해 주위에서는 '지나치게 생각한다', '조금 피곤한 것뿐이다'라고 넘기기 쉽습니다. 그런데 새내기 교사는 직감적으로 '불안'을 느끼고 있습니다. 다시 말해 어떤 징조를 감지했을 가능성도 있는 것입니다. 그러므로 새내기 교사의 불안감을 가볍게 여기지 말아야 합니다. 동료 선생님들은 새내기 교사가 학생들과 더 가깝다는 점을 인정하고, 그들의 감성에 주목해야 합니다. 새내기 교사가 왜 그런 생각을 하게 되었는지 그 배경을 들어보는 것이 중요합니다.

흥미로운 연구 결과가 있습니다. 미국의 한 연구에 따르면 '걱정이 많고 불안감이 강한 사람일수록 IQ가 높다'고 합니다. 이는 새내기 교사의 불안감을 단순히 부정적으로 볼 필요가 없다는 것을 의미합니다. 그리고 우리 속담에는 '아니 땐 굴뚝에 연기 나랴'라는 말이 있습니다. 이처럼 새내기 교사가 느끼는 불안감의 시작은 사소한 일일 수 있지만, 자세히 살펴보면 그 뒤에 실제로 큰 문제가 숨어 있을 때가 많습니다. 따라서 우리는 새내기 교사의 상황을 정확히 파악해야 합니다. 그들이 느끼는 위기감이나 위화감을 함께 나누어보세요. 이런 과정을 통해 학생들에게 더 가까이 다가가는 새로운 방법을 찾을 수 있습니다. 결론적으로 이런 유형의 새내기 교사에게는 '섣부른 판단보다 충분한 관심과 이해'가 필요합니다.

③ 성격적으로 막연하게 불안감을 품기 쉬운 유형
○ 지나치게 고민하지 않는 루틴을 익힌다

주위에 세심하게 신경을 쓰고, 무슨 일이든 깊게 생각하는 능력이 있는 새내기 교사일수록 남들보다 많은 걱정과 불안감을 갖고 있습니다. 그것 자체는 절대로 나쁜 것이 아니고 오히려 특별한 재능인 경우도 있을 정도입니다. 하지만 불안감만 품게 되는 섬세함은, 새내기 교사가 좀 더 좋은 교사 생활을 보내는 데 지장을 주게 됩니다. 실제로 새내기 교사 자신도 '지금 이대로는 잘해나가지 못할 것 같기 때문에 조금이라도 마음 편하게 살아갈 수 있는 방법을 알고 싶다', '지나치게 신경 쓰는 성격을 어떻게든 고치고 싶다'라고 생각하기도 합니다.

그러기 위해서 빠른 단계에서 **'고민이 될 때는 어쨌든 행동한다'**, **'불안감은 행동해서 해소한다'**라는 루틴을 익힐 수 있도록 지원하기 바랍니다.

○ 행동하는 것이 최선

결국 학생이나 학부모와 좋은 관계를 만드는 데 '정답' 같은 것은 존재하지 않기 때문에 자신이 할 수 있는 일을 계속하는 수밖에 없습니다. '나를 어떻게 생각하고 있을까'라는 것도 생각한다고 알 수 있는 것도 아닙니다. 학생 한 명 한 명과 마주하면서 이것도 아니고 저것도 아니라고 생각하고, 실패도 하면서 성공하는 경험을 쌓아가며 나아가는 것이 교사에게 중요한 것입니다.

앞서 말했듯이 새내기 교사가 막연하게 걱정하거나 불안해하는 것은 '한가해서'인 경우도 적지 않습니다. 사람은 무엇을 하면 좋을지 몰라서 시간이나 체력이 남는 경우일수록 불필요한 생각을 하게 됩니다.

다시 말하지만 새내기 교사에게 필요한 것은 어쨌든 가장 근본적인 목적을 떠올려서 '행동한다'는 것입니다. 본래 자신은 지금 '무엇을 하기 위해 여기 있는 것인가?', '그러기 위해서 다음에 무엇을 해야 할까'를 찾아내서 행동으로 옮기면 불안함을 느낄 틈이 줄어들 것입니다.

다음과 같은 말이 있습니다.

**항구에 정박한 배는 안전하지만
그러기 위해서 배가 만들어진 것은 아니다.**

-존 G. 셰드(미국의 기업가)-

불안감을 느끼기 쉬운 새내기 교사에게 넓은 바다로 나가는 것만큼 무서운 것은 없습니다. 하지만 교사는 바다로 나아가야 합니다.

새내기 교사가 스스로 긍정적으로 행동할 수 있도록 지원하는 것이 중견 교사의 역할입니다.

  중견 교사 역시 새내기 교사의 개성에 맞는 지원 방법을 찾아야 합니다. 이 과정에서는 시행착오가 필요할 것입니다. '이것도 맞지 않고, 저것도 맞지 않네' 하면서 여러 시도를 하며 새내기 교사와 함께 최적의 방법을 찾아가기를 바랍니다.

할머니가 위독하시다는 연락을 받았다

새내기 교사의 속마음

고향 집에서 연락이 왔어.
오랫동안 투병 중이던 할머니가 위독하신 것 같아….
하지만 오늘은 오후부터 교직원 회의에서 제안을 할 예정이 있어….
머릿속이 하얘지고 아무것도 생각이 안 나.

사랑하는 할머니가 시한부 선고를 받은 것은 반년 전이었어. 그 뒤로 계속 할머니가 너무나도 걱정이 되어서 일을 하고 있을 때도 불안해서 집중을 하지 못했어.
가족들은 "너는 아무것도 걱정하지 않아도 되니까 열심히 일해"라고 해주었지만 가능한 한 조금이라도 더 할머니와 함께 남은 시간을 보내고 싶었어. 하지만 일이 바빠서 생각처럼 그런 시간도 만들지 못했고, 아무것도 해드리지 못해서 후회만 남아 있어.

이럴 때 도대체 어떻게 하면 좋을까.

◆ 다른 사람의 따뜻한 말로 구원받을 때도 있다

겉으로 보기에 아무런 고민도 없어 보이는 사람일지라도 사실은 혼자서 가족의 질병이나 간호로 고생하고 있거나 사별을 당해 슬픔에 잠겨 있을 수 있습니다. 개인적인 사정과 관련된 고민을 직장에서 공유할 수 있는 것은 아니기 때문에 필요 이상으로 개입하지 않는 것이 좋은 경우가 대부분입니다. 하지만 그렇다고 해도 중견 교사와 새내기 교사의 관계도 결국 '사람 대 사람'입니다. 혼자서 고민하고 있을 때 직장 선배에게 들은 말 한 마디로 구원을 받았다는 경우도 있습니다.

저도 경험이 있습니다. 가족 중에 한 사람이 세상을 떠나서 인생의 쓴맛을 느끼고 괴로워할 때 '심각하지는 않지만 도무지 일에 집중할 수 없는' 시기가 있었습니다. 열심히 일하고 싶어도 너무 슬퍼서 일에 몰두할 수가 없었습니다. 그럴 때 "괜찮다면 차라도 한 잔 마실래요?" 하고 이야기를 들어주고 함께 눈물을 흘려주거나 같이 밥을 먹으러 가주는 선배가 있었기 때문에 저는 '이 사람들과 함께라면 열심히 일할 수 있을 것 같다', '좀 더 노력해봐야겠다' 하고 긍정적으로 지낼 수 있었습니다.

◆ 개인적인 사정 때문에 오히려 의미 있는 일

개인적인 사정 때문에 괴로움에 휩싸여 있다면 어느 정도 일에도 지장을 주게 됩니다. 아무리 평정심을 유지하려고 노력해도 학생들은 민감해서 "선생님, 왠지 모르게 오늘 조금 기운이 없어 보이는데요…"라며 알아차릴 때도 있습니다. 교사로 근무하는 인생은 깁니다. 아무리 애써도 웃는 얼굴을 보일 수 없는 시기는 당연히 존재합니다. 그래서 저는 새내기 교사에게 이런 말을 건네주고 싶습니다.

"개인적인 사정 때문에 괴롭더라도 교사로 있는 한, 학교에는 마음 쉴 곳이 있습니다", "힘을 낼 수 없을 때에도 여기 교무실에 있으면 됩니다", "기운을 차리고 나서 학생들에 대해 다시 함께 생각해봐요"

새내기 교사를 대할 때에는 다음과 같은 관점을 갖고 있는 것이 좋겠습니다. '오늘은 표정이 어두워 보이는데 혹시 개인적인 사정으로 뭔가 괴로워하는 것은 아닐까?'라는 생각을 마음 한 구석에 두는 것입니다. 단순한 착각이라고 해도 괜찮습니다. 다정함과 따뜻함이 담긴 한 마디에 구원을 받아서 긍정적인 자세로 앞을 향해 나아가는 새내기 교사가 늘어나면 좋겠다고 생각합니다.

◆ 새내기 교사의 다양한 가치관을 존중한다

'일과 삶의 균형'에 대해 오랫동안 이야기되고 있는데요. 일과 삶 중에 무엇을 최우선으로 하고, 무엇을 소중히 하고 싶은가 하는 가치관은 사람마다 다를 것입니다. 가정을 최우선으로 하고 싶은 사람도 있을 것이고 일을 최우선으로 하고 싶은 사람도 있습니다. 이런 다양성을 존중하기 위해서 새내기 교사의 생활 배경과 '무엇을 소중하게 여기고 싶은지'를 파악하는 것이 중요합니다.

이런 이야기를 들은 적이 있습니다. **사람이 죽기 전에 떠오르는 것은 일에 대한 것이 아니라 가족이나 친구 등 개인적인 추억인 경우가 많다는 것입니다.** 이 이야기에서 배울 수 있는 것은 무엇일까요? 단순히 '어느 쪽이 좋은가'라는 비교가 아니라 '스스로 납득할 수 있는 인생을 걸어가기 위해서는 무엇을 선택하는 것이 좋을까'를 생각하는 것이 중요하다는 사실입니다.

저는 후배들에게 이렇게 이야기합니다. 자신의 가치관에 따라 납득할 수 있는 선택을 하고 후회 없는 인생을 걸어가기를 바란다고 말입니다. 현실은 혹독하더라도 교사가 각자의 가치관에 따라 선택할 수 있는 직장이 되는 것이 이상적이라고 생각합니다.

◆ 제도를 전달한다

 새내기 교사 중에는 복리후생 등 제도 자체를 잘 모르는 상태로 지내는 사람도 있다고 생각합니다. 처음 발령을 받고 분주하게 학교 분위기를 파악하고 있을 때는 어떨까요? 휴가 제도나 복리후생에 대해 친절하게 설명을 들을 기회가 없을 것입니다. 보통은 "이 책자를 읽어보세요"라는 말을 들을 뿐입니다. 그리고 바빠서 책자에 눈길을 줄 여유도 없이 시간이 지나가고 어느새 4~5년이란 세월이 훌쩍 흘러간다는 사례도 적지 않습니다.

 부끄러운 이야기지만 저 자신도 그랬습니다.
 물론 꼼꼼하게 스스로 책자를 읽고 파악해두었으면 좋겠지만, 매일 바쁘다 보니 그럴 여유가 없었습니다. '휴가를 내고 싶다'라는 생각 자체가 거의 없었기 때문에 관련 제도에 대해 몰랐습니다. 정작 쉬고 싶다는 생각이 들 때까지 제대로 알지 못하는 상태였습니다. 그래서 가족 중에 한 사람이 세상을 떠났을 때도 "어? 벌써 출근했어요? 괜찮아요?"라는 걱정을 들었습니다. 나중에 '그때 이런 제도가 있었구나. 알았더라면 그렇게 활용했을 텐데'라고 안타까운 마음이 들었던 적도 있었습니다.

 '어차피 사용할 기회 같은 것 없잖아', '휴가 따위 안 가니까 필요 없잖아'라고 생각할 것이 아니라 미리 정보를 얻을 기회를 주는 것은 굉장히 중요하다고 생각합니다. 조금 간섭하는 것처럼 보일 수도 있지만 세상 돌아가는 이야기를 하다가 "이런 제도도 있어요"라고 알려주는 편이 좋을 것입니다.

나는 앞으로 어떤 교사가 되고 싶은 걸까?

새내기 교사의 속마음

교사가 된 지 5년이 지났어. 스스로 지금까지 잘 해왔다고 생각해. 큰 행사를 담당하는 경험도 했고 어느 정도 일을 잘하게 되었어.
최근에는 학생들도 드디어 '선생님'으로 인정해주는 것 같은 기분이 들어.
후배들도 존경하는 눈빛으로 바라봐주고 선배들과도 좋은 관계를 유지하고 있어.

작년에 처음으로 졸업생을 보냈을 때 눈물로 얼굴이 젖었어. 요즘에는 마침내 '교사는 정말로 멋진 직업이다'라고 생각하게 되었어.
엄청나게 바쁘고 개인적인 시간도 거의 없지만 그래도 이 일이 좋아.
계속 달려온 것이 다행이야.
앞으로도 좀 더 교사로서 열심히 노력해야겠다고 생각해.

하지만 앞으로 나는 도대체 무엇을 향해 나아가면 좋을까.
교사로서 무엇을 하고 싶은 걸까, 어떤 교사가 되고 싶은 걸까….

◆ 꿈을 이야기하자

갑작스럽지만 당신은 어떤 꿈을 꾸고 있습니까?
'꿈'이란 말이 거창하게 들린다면 '어떤 교사가 되고 싶은가', '교사로서 무엇을 하고 싶은가'라는 '미래에 대한 비전'으로 바꿔도 괜찮습니다.

어느 날 집에서 AKB48의 다큐멘터리 프로그램을 보고 있었을 때의 일입니다. 제가 교사가 된 지 얼마 안 되었을 무렵은 정확히 AKB48의 전성기였습니다. 당시 AKB48 센터였던 마에다 아츠코 씨가 인터뷰 때 "AKB48에 들어가서 좋았던 점은 무엇이었습니까?"라는 질문을 받고 이렇게 대답했습니다.

"날마다 꿈을 꾸는 기분이 듭니다."

그때 굉장히 감동을 받았던 것을 저는 아직도 선명하게 기억하고 있습니다. 당시 저는 꿈과 희망으로 가득 차 교육 현장에 막 뛰어든 때였지만 익숙하지 않은 일에 당황해하며 '나는 교사가 적성에 안 맞아', '차라리 그만두고 싶다'라는 생각을 하며 좌절하게 되었습니다.

하루하루 눈앞에 있는 일을 처리하느라 정신없고 내일 수업이 잘될지 어떨지도 모르는데 교사로서 장기적인 비전을 갖는 것은 엄두조차 못 냈습니다. 그럴 때 반짝반짝 빛나는 얼굴로 "날마다 꿈을 꾸는 기분이 듭니다"라는 대답을 하는 마에다 아츠코 씨를 보면서 이런 생각을 하게 되었습니다.

'나도 날마다 꿈을 꾼다고 말할 수 있는 교사 생활을 보내고 싶다', '날마다 꿈을 가질 수 있는 교사가 되고 싶다'

그 뒤로 '이 선생님은 정말 대단하다'라고 생각하는 선배 교사나 '이 분은 무슨 생각을 하고 있는 걸까?'라며 흥미를 품고 있는 사람을 만날 때마다 실례를 무릅쓰고 "선생님 꿈은 무엇인가요?", "하루하루 즐겁게 보내고 있나요?"라는 질문을 하는 버릇이 생겼습니다.

자기 눈앞에서 꿈을 이야기해주는 선배라는 존재는 굉장히 소중합니다. 아무리 작은 일이라도 미래와 꿈에 대해 이야기하는 사람의 얼굴은 빛이 납니다. 그런 긍정적인 순간을 만나면 '나도 이 사람처럼 무언가 찾아내고 싶다', '이 선생님처럼 긍정적으로 살아가고 싶다'라는 에너지가 솟아났습니다.

"A 선생님은 교사로서 미래에 어떻게 하고 싶다고 생각합니까?"
"B 선생님은 미래에 해보고 싶은 일이 있나요?"

때때로 마음먹고 이런 질문을 후배들에게 해보는 것은 어떨까요? "그런데 마에카와 선생님은 어떻습니까?"라고 되묻는 것을 각오하고 말입니다.

현재 교육 현장은 꿈을 갖게 되는 동기부여나 꿈을 이야기할 여유가 없는 상황이라고 생각합니다. 하지만 이런 시대이기 때문에 더욱 중견 교사 여러분은 후배 교사들과 미래와 꿈에 대해 서로 이야기하는 관계를 쌓아갔으면 합니다.

◆ 롤모델이 성장을 가속시킨다

'이 선생님처럼 되고 싶다!'고 생각하게 만드는, 삶의 모범이 되는 롤모델을 만나면 그 후의 성장은 놀라울 정도로 빨라집니다. 롤모델은 가까운 사람이 더 참고가 되기 쉽지만 그렇지 않아도 괜찮습니다. 미디어를 통해서 감명을 받은 사람이나 인터넷에서 알게 된 사람도 괜찮습니다.

본래 후배가 자신의 힘으로 롤모델을 발견하는 것이 이상적입니다. 하지만 교과 연구회나 민간 주최 이벤트 등으로 스스로 나서지 않으면 새로운 만남은 좀처럼 생기지 않습니다. 그럴 때는 중견 교사가 아는 사람이나 감명을 받은 사람을 소개해주는 것도 좋을 것입니다.

그중에는 '이 사람처럼 되고 싶지 않다'라는 생각이 드는 만남도 있을지 모릅니다. 하지만 그런 경우에도 반면교사로 삼는 것이 좋은데 그것도 귀중한 배움 중 하나이기 때문입니다. 어디에서 어떤 발견을 하게 될지 알 수 없기 때문에 다양한 자극을 받을 기회를 많이 만드는 것이 중요합니다.

저는 교사 생활을 한 지 8년째 되던 해에 당시 고지마치 중학교 교장 선생님이었던 구도 유이치 선생님을 만났습니다. 구도 선생님의 강연을 듣고 감명을 받은 저는 가만히 있을 수 없어서 제 생각을 담은 편지를 쓰기로 했습니다. 그리고 당시 고지마치 중학교 교장실을 찾아가서 "어떻게 하면 구도 선생님 밑에서 일할 수 있습니까?", "지금 당장 함께 일하는 것은 어렵더라도 구도 선생님과 같은 분 밑에서 일하기 위해 필요한 소양을 기르고 싶기 때문에 부디 가르침을 주시면 좋겠습니다"라고 부탁을 했습니다.

안타깝게도 그때는 함께 일할 수 없었지만 구도 선생님을 만나고 나서 새로운 관점을 얻은 저는 교사 생활이 바로 꿈에 그리던 모습으로 바뀌었습니다.

누구에게 영향을 받는가는 사람마다 다르기 때문에 무엇이 계기가 되는지는 알 수 없습니다. 하지만 한 가지 말할 수 있는 것은 '만남에 따라 인생은 크게 달라진다'라는 것입니다. 학생들도 그렇지만 교사도 마찬가지입니다. 좋은 만남이야말로 사람을 성장시킵니다. 누군가와 만나고 누군가와 함께 지내는가를 결정하는 것은 다른 누구도 아닌 자기 자신입니다.

지금 여러분과 같이 일하는 새내기 교사들에게도 언젠가 교사 인생을 크게 바꿔줄 좋은 롤모델과의 만남이 찾아올 수 있기를 바랍니다.

◆ 달리면서 생각한다

꿈이 있는 것보다 더 좋은 일은 없고, 날마다 즐거운 것보다 더 좋은 일은 없습니다. 하지만 반대로 '꿈 같은 것은 없다', '하루하루가 즐겁지 않다'라는 상태라도 전혀 우울해할 필요는 없다고 생각합니다. 그것이 현재 상태라면 어쩔 수 없습니다.

그런 순간이라도 저는 후배들에게 멈추지 말고 '달리면서 생각하라'라고 제안합니다. 마음이 내키지 않을 때 무리하게 고도를 높여서 날아가려고 할 필요는 없습니다. 담담하게 **'저공 비행을 한다'**라는 것도 하나의 수단입니다.

그렇게 자신이 할 수 있는 일을 거듭하는 사이에 자신은 나아가고 있지 않는 것처럼 보여도 사실은 의외로 전진하고 있을 때도 있습니다. 자신이 움직이고 있으면 조금씩 관점이 달라지고 매번 보이는 풍경도 달라집니다. 그래서 저는 '무리하거나 초조해하지 않고 달리면서 생각한다'라는 자세가 좋다고 후배들에게 전해주고 있습니다.

한편 **'학교 밖으로 나가 보자!'**라고 큰 목소리로 외치고 싶습니다.

교사가 된 지 4~5년 차에 찾아오는 정체기에서 벗어나기 위해서라도 어쨌든 학교 밖의 자극을 받아들이는 것이 가장 좋습니다. 학교 밖의 연수나 연구 모임에 나가거나 일반인이 모이는 공부 모임에 참가함으로써 '학교'와 '교사'라는 것을 객관적으로 내려다보는 관점을 갖는 것이 중요합니다.

학교를 옮기는 것이 두렵다…

새내기 교사의 속마음

드디어 처음으로 전근을 간다. 새내기 교사 때부터 여러 가지 도움을 받았던 이 학교를 떠날 때가 찾아왔어.

솔직히 설렘보다는 불안감이 훨씬 더 크다.
이 학교에서, 이 선생님들과 함께했기 때문에 어떻게든 해올 수 있었는지도 몰라.

모두와 헤어지는 것이 쓸쓸해.
출퇴근길도 달라지고 아무것도 모르는 새로운 장소에서 처음 만나는 사람들과 과연 잘 지낼 수 있을까.
관리직 교사가 "다음에 가는 학교에서는 '당연히 잘하는 선생님'으로 인정해줄 거예요"라는 말을 해주었어.

하지만 선배 중에는 전근을 간 학교에서 너무 힘들어서 심리적으로 어려움을 겪게 된 선생님도 있어.
전근을 가는 것이 두려워….

◆ '괜찮아요'라는 한 마디가 힘이 된다

새내기 교사가 처음으로 학교를 옮기게 되면 두려움에 빠지게 됩니다. 어떤 학교로 전근을 가게 될지, 과연 자신이 다른 학교에서 잘해낼 수 있을지 계속 불안해집니다.

저도 지금까지 새내기 교사 여러 명의 전근을 지켜보았습니다. 불안해 보이는 새내기 교사에게 다음과 같은 말을 건네는 선배 교사의 모습을 보고 감동을 받았습니다.

"저는 A 선생님의 모습을 3년 동안 같은 학년을 맡으면서 지켜보았는데 정말 놀라울 만큼 성장했습니다. 앞으로는 어디에 가도 괜찮을 것입니다. 어디에 가도 부끄러워할 필요 없습니다. 이제 어느 학교에 가도 충분히 제몫을 해낼 수 있는 훌륭한 교사가 되었습니다. 그러니 안심하고 이 학교를 떠나서 다음 학교에서도 힘내세요."

이 말을 들은 새내기 교사도 저를 포함한 동료 교사들도 모두 눈물을 흘렸습니다.

전근을 가보기 전까지는 정말 괜찮을지 아무도 알 수 없습니다. 그럼에도 '어디에 가도 괜찮을 정도로 성장했다'는 격려의 말은 새내기 교사가 한 걸음을 내딛는 데 큰 용기가 됩니다.

저는 이 경험을 바탕으로 **'전근에 대한 불안을 가진 새내기 교**

사들에게 직접 지켜본 그들의 성장 이야기를 구체적으로 전하는 일'에 더욱 신경 쓰고 있습니다.

◆ 전근 가는 곳에 대한 기대는 금물

저는 전근 경험이 적은 편이지만 그래도 몇 번의 경험으로 배운 점이 있습니다. 그것은 '전근 가는 곳에 대해 지나치게 기대하지 않는 것이 좋다'는 점입니다. 주위의 경험담을 들어봐도 마찬가지입니다. 큰 기대를 품고 설레는 마음으로 전근을 가면 특히 두 번째 학교로 갈 때 대부분 실망하는 경우가 많은 것 같습니다. 그렇기 때문에 저는 언제나 전근을 가는 새내기 교사에게 과도한 기대를 품지 않도록 일부러 다음과 같이 말합니다. '최악의 상황을 미리 생각해두는 것이 기대와 현실 사이의 차이 때문에 고민하지 않을 수 있다'고 말입니다.

처음으로 전근을 간 두 번째 학교에서 제대로 적응하지 못하고 심리적으로 힘들어하는 새내기 교사가 많습니다. 미리 기대를 지나치게 해서 좌절하는 것보다는 기대치를 낮춰서 '음, 이런 것이구나'라고 생각하면서 서서히 자기다움을 발휘해나가는 것이 좋다고 생각합니다.

◆ 전근은 교사에게 가장 좋은 연수다

'전근은 교사에게 가장 좋은 연수다'라는 말을 종종 듣습니다. 정말로 그렇다고 생각합니다. 새로운 환경으로 옮겨가는 것은 매우 귀중한 배움이 됩니다.

저는 처음으로 부임한 학교에서 7년 동안 근무하면서 아주 충실한 시간을 보낼 수 있었습니다. 그래서 예전에는 한 학교에서 오랫동안 있는 것이 좋다고 생각했습니다. 하지만 최근에는 초임 교사가 한 학교에서 근무하는 것을 고집하지 말고 가능한 한 빠른 시기에 옮겨가서 다른 학교의 방식을 알아가는 것이 시야가 넓어지기 때문에 좋다고 생각하게 되었습니다. 일본 속담에 '귀여운 자식에게는 여행을 가게 하라'라는 말이 있습니다. 그래서 전근을 가는 후배들에게 이렇게 전달했습니다. '전근 가는 학교에 자기가 상상한 이미지와 다른 점이 많이 있더라도 그곳에서의 경험은 분명히 선생님의 성장에 도움이 될 것입니다'라고 말입니다.

◆ 선배 교사의 '실패담'은 용기를 준다

여기서도 새내기 교사에게 용기를 주는 것은 선배 교사의 '실패담'입니다. '미리 준비해두면 걱정할 것이 없다'라는 말이 있습니다. 새내기 교사는 선배 교사의 실패담에서 교훈을 얻고 자신이 해야 할 일을 찾으려고 합니다.

그렇다면 새내기 교사가 실제로 교훈을 얻고 미리 준비할 수 있도록 어떤 실패담을 들려주면 좋을까요?

예를 들어 '전근을 간 학교에서 이전 학교와 같은 방식으로 행동했더니 동료들이 이상하게 봤다'거나 '이전 학교에서는 이렇게 했다는 말을 자주 하면 미움을 받으니 주의해야 한다' 같은 구체적인 경험담이 도움이 됩니다.

다만 새내기 교사에게 용기를 주려는 목적을 잊지 말아야 합니다. 단순히 실패담만 전하는 것이 아니라, 그런 좌절감을 어떻게 극복했는지, 그리고 '이렇게 했더니 잘됐다'는 성공 경험도 함께 들려주어 새내기 교사가 실질적으로 준비할 수 있도록 도와야 합니다.

◆ 마지막에는 "다녀와요"라고 보내준다

마지막 출근하는 날, 드디어 처음 부임한 학교를 떠날 때가 찾아온 새내기 교사는 아마도 시원섭섭한 마음으로 교무실을 나갈 것입니다. 그럴 때 따뜻하게 "다녀와요" 하고 보내줄 수 있는 교사 집단이 되고 싶다고 저는 생각하고 있습니다.

"다녀와요"라는 말에는 '선생님의 새로운 한 걸음을 모두가 응원하고 있어요. 힘들 때는 언제든지 이 학교로 돌아와요. 여기에는 첫 부임했을 때부터 열심히 노력했던 선생님과 학생들의 추억이 많이 있어요. 선생님이라면 분명히 괜찮아요'라는 응원이 담겨 있는 것입니다. 만약 새내기 교사가 전근을 간 곳에서 활기를 잃었을 때는 학교 행사나 식사 모임이라도 초대해서 "어서 와요"라고 따뜻하게 맞아주는 것이 좋겠습니다.

저는 새내기 교사와 같은 직장이 아니더라도 교육과 진지하게 마주하는 한, '함께 미래 사회를 만드는 동료', '함께 교육을 바꿔가는 동료'로 좋은 관계를 계속 이어갈 것이라고 생각합니다.

학생들을 키우고 미래 사회를 만드는 것은 '현재 근무하는 학교'라는 하나의 작은 틀에만 국한되지 않습니다. 새내기 교사는 '현재 근무하는 학교'에서 한 걸음 바깥으로 나가서 '학교'를 더 넓은 의미에서 다시 파악하고 시야를 넓히기를 바랍니다.

새내기 교사에게 그런 미래에 대한 기대를 담아 "다녀와요"라고 전달할 수 있다면 분명 최고일 것이라고 생각합니다.

PART **4**

해설
'누구 한 사람도
뒤처지지 않는 교무실'을
목표로

◆ 최고의 중견 교사란

본래 교사는 '사람을 키우는 전문가'입니다.

그렇다면 '사람을 키운다'라는 것은 무엇인지 생각할 필요가 있습니다. 저는 사람을 키운다는 것은 '배우려는 마음에 불을 지피는 것'이라고 생각합니다. 유명한 미국의 교육자 윌리엄 워드는 이런 말을 남겼습니다.

> · 평범한 교사는 지시를 한다.
> · 좋은 교사는 설명을 한다.
> · 우수한 교사는 실천해서 보여준다.
> · 하지만 최고의 교사는 학생의 마음에 불을 지핀다.

이 '교사' 부분을 '중견 교사'로 바꾸고 '학생' 부분을 '새내기 교사'로 바꿔 보면 다음과 같이 됩니다.

> · 평범한 중견 교사는 지시를 한다.
> · 좋은 중견 교사는 설명을 한다.
> · 우수한 중견 교사는 실천해서 보여준다.
> · 하지만 최고의 중견 교사는 새내기 교사의 마음에 불을 지핀다.

정말로 중요한 것은 새내기 교사에게 지시를 하거나 가르쳐주거나 하는 것이 아닙니다. 물론 지원하는 과정에서 적절하게 가르쳐주거나 지시하는 경우는 필요합니다. 하지만 최종적으로는 새내기 교사가 자신의 힘으로 생각하고 행동할 수 있게 하는 것이 목적입니다. 새내기 교사의 마음에 불을 지펴서 '**더 배우고 싶다**', '**더 성장하고 싶다**'라는 긍정적인 생각을 갖게 하는 것이야말로 인재 육성이 아닐까 생각합니다.

◆ '새내기 교사를 키우는 힘 = 학생을 키우는 힘'이다

종종 '학생을 잘 키우는 교사는, 교사를 키우는 것도 잘한다'라고 말합니다. 그 반대도 당연하다고 생각합니다. '교사를 잘 키우는 교사는, 학생을 키우는 것도 잘한다'라는 것도 사실일 것입니다.

교무실에서는 이런 하소연을 종종 듣게 됩니다.
"능력 있는 새내기 교사가 오면 좋을 것 같다."
"제대로 잘 배운 사람이 오면 좋겠는데…."
"다 큰 어른을 돌보아줄 여유는 없다."
교육 현장이 바쁘다는 것도 알고 있고 그렇게 말하고 싶은 심

정도 충분히 이해가 갑니다. 하지만 중요한 것은 모든 사람은 '언제나 주어진 조건에서 승부해야 한다'라는 것과 '모든 길은 로마로 통한다'라는 것입니다.

새내기 교사 육성은 결과적으로 학생을 지도하는 능력 향상으로 이어집니다. 새내기 교사를 잘 육성하면 학생들도 즐겁게 학교 생활을 보낼 수 있게 됩니다.

반대로 새내기 교사를 제대로 키우지 못하면 어느새 학교는 활기를 잃어버리게 됩니다. 새내기 교사가 좌절하고 실망해서 학교를 그만두면 인력이 부족해져서 새내기 교사 육성에 드는 비용보다 훨씬 큰 부담이 남아 있는 교사들에게 가해질 것입니다. 그렇게 되면 당연히 학생들에게도 피해가 가게 됩니다. 새내기 교사 육성을 소홀히 하게 되면 미래의 교육이 황폐해질 뿐만 아니라 더 가까운 곳에서 악순환이 시작되게 됩니다.

그렇기 때문에 **'새내기 교사를 키우는 것은 학생을 키우는 것과 같다'**, **'눈앞에 있는 새내기 교사를 빛나게 할 수 있다면 학생들 역시 빛날 수 있다'**라는 것을 저는 강조하고 싶습니다.

◆ 제각각 성향이 다른 새내기 교사들

해마다 교무실에는 다양한 개성을 지닌 새내기 교사들이 들어옵니다. 그야말로 백인백색으로, 100명이 있으면 성격도 100명이 다 다릅니다.

새내기 교사 중에는 여유가 없는 교육 현장에서 중견 교사로서 어떻게 대응해야 할지 고민이 될 정도로 까다로운 성향의 교사도 있을 것입니다. 물론 새내기 교사 한 사람 한 사람에게는 저마다 장점이 있습니다. 그 장점을 찾아내어 키워주면 좋겠지만, 새내기 교사 육성에 충분한 시간을 내기 어려운 중견 교사의 현실적 고민 역시 잘 알고 있습니다.

◆ '누구 한 사람도 뒤처지지 않는 교무실'을 목표로

'다양성을 존중한다'라는 것은 말은 쉽지만 실제로 하려고 생각하면 매우 어려운 일입니다. 가치관이나 사고방식이 확고한 성인의 인간관계는 더욱 그럴 것입니다. 저 자신도 모든 새내기 교사들과 마음이 잘 맞는 것은 아닙니다. 아직도 새내기 교사와 소통할 때 어려워하는 부분도 있습니다.

다만 한 가지 신경 쓰는 점이 있습니다. 만약 저와 완전히 다른 사고방식을 지닌 새내기 교사라고 해도 **'상대의 입장에서 이해하려고 한다'**라는 점입니다. 예전에 저와 함께 지냈던 선배님들이 그랬듯이 저 역시 대화를 통해 새내기 교사의 마음과 사고방식을 '이해하려고 한다'는 것을 중요하게 생각하고 있습니다.

만약 학생들에게 '다양성을 존중하는 사회를 만들어야 한다'라고 말한다면 그 전에 우리 교사 집단이 '다양성을 존중하는 사회'를 구현할 필요가 있습니다. 그렇지 않으면 학생들 앞에서 하는 말이 빈말이 되기 때문입니다.

중견 교사 여러분은 이미 평소부터 알고 계실 것입니다. 학생들에게 한 말은 그대로 교사 자신에게 돌아온다는 것을 말입니다.
'누구 한 사람도 뒤처지지 않는 사회를 실현하기 위해 다양성을 존중하는 사회를 목표로 한다'
이런 가치를 과연 지금 우리가 있는 교무실에서 어느 정도 의식하고 있을까요.

학생들은 어른을 모델로 삼아 흉내를 냅니다.
새내기 교사도 우리 선배 교사의 모습을 모델로 삼아 흉내를 냅니다.

지금 우리가 만들어가고 있는 현실이 결국 미래의 현실이 됩니다. 미래는 후배 교사나 학생들에게 기대를 거는 것만으로는 저절로 달라지지 않습니다. 미래를 바꾸는 것은 바로 우리 자신입니다.

선배 교사인 당신도 눈앞에 있는 새내기 교사와 학생들과 함께 새로운 문을 두드려보지 않겠습니까?

에필로그

"우와, 벚꽃이 활짝 피었어…"
처음으로 부임했던 학교를 오랜만에 찾아갔다.
교정에 있는 커다란 벚나무가 반갑게 맞아주었다.
가끔 출장 때문에 가까운 곳까지 온 적이 있는데 그리운 마음에 찾아와 보았다. 처음에 이 길을 걸었을 때는 기대감과 불안감으로 가슴이 설레었다.

그 교실, 처음으로 담임을 맡은 교실이다. 그리웠다.
처음으로 졸업생을 떠나보냈던 날도 오늘처럼 아주 맑은 날이었던 것 같다.
아, 맞다. 저 자그마한 창문이 교직원 화장실.
예전에는 저곳에서 종종 울었는데.
그 무렵에는 여러 가지 일을 잘해내지 못했는데…
그때 말을 걸어주었던 선배님에게 오랜만에 연락을 해보고 싶어진다.

그런데 사람은 정말 변한다.
그렇게 날마다 괴로웠는데

그렇게 날마다 그만두고 싶다고 생각했는데
그런 내가 지금은 새내기 교사를 가르치는 위치에 있다.
교사가 하는 일은 변함없이 굉장히 힘들다.
때때로 마음이 무너질 것 같기도 하다.

하지만 지금의 나는 자신 있게 말할 수 있다.
교사가 하는 일은 정말로 멋지다.
교육에는 꿈과 가능성이 가득 차 있다.
물론 과제는 많이 있다.

지금 내 목표는 학생들이 눈을 반짝거리며 공부할 수 있는 학교를 만드는 것이다. 그러기 위해서는 앞으로 교사가 될 젊은이들이 꿈을 품을 수 있는 직장이 되도록 만들어야 한다.

아직 오지 않은 미래의 새로운 교육을 향해 한 걸음 내딛어야 한다. 그리고 교육 현장에서 세상을 향해 메시지를 보내야 한다.
여기까지 올 수 있었던 것은 학생들과 학부모님들, 동료 선생님들이 아주 많이 도와준 덕분이다.

그러니까 다음은 내 차례다.
이번에는 내가 도움을 주는 쪽이 되고 싶다.

내가 용기를 얻었듯이 이번에는 누군가에게 용기를 주고 싶다.
분명히 그렇게 학교는 미래로 이어져갈 것이다.

처음 부임한 학교의 현관문.
여기에서 모든 것이 시작되었다.
괜찮다. 지금도 변함없이 여기에 있다.
그럼 새로운 한 걸음을 내딛어 볼까.

"다녀오겠습니다."

인생은 지금부터 시작이다.

맺음말

'비 온 뒤에 땅이 굳어진다'

새내기 교사와 선배 교사가 함께 고민하고 실패를 겪으면서 성장해나가는 모습을 보고 있으면 이 말이 떠오릅니다. 어떤 문제나 부정적인 사건이 모두 나쁜 것만은 아닙니다. 어려움을 극복한 그 뒤에는 커다란 성장과 행복한 인생이 기다리고 있을 때도 많이 있습니다.

고민하는 새내기 교사에게는 그만큼 크게 성장할 수 있는 힘이 있습니다. 소극적인 새내기 교사는 그 힘의 방향을 바꾸어서 적극적으로 행동할 수 있는 것입니다. 부정적인 것도 긍정적인 것도 별 차이가 없습니다. 오셀로 게임에서 하나의 말을 계기로 하얀색과 검정색을 한꺼번에 뒤집는 상황도 적지 않습니다. 물론 모든 일을 흑백 이차원으로 생각할 수 있는 것은 아닙니다만….

모든 일은 무엇이 계기가 되어 좋은 방향으로 바뀔지 아무도 모릅니다. 어쩌면 새내기 교사가 성장하는 열쇠는 선배인 '당신'이 쥐고 있을지도 모릅니다.

'만남을 계기로 사람은 성장한다'

가슴 속에 소중하게 간직하고 있는 말입니다. 문득 어느 한 순간 운명적인 만남이 찾아올 때가 있습니다.

　이번에 스야스야코 님에게 만화를 부탁한 것도 그런 '인연' 때문입니다. 임신했을 때 입덧으로 고생하고 있던 무렵이었습니다. 가끔 SNS에서 스야스야코 님의 출산과 육아 만화를 보게 되었습니다. 만화가 모두 재미있어서 배를 감싸 안고 눈물을 흘릴 정도로 많이 웃었습니다.
　스야스야코 님의 만화에는 사람을 웃게 만드는 힘이 있습니다. 저는 출산에서 육아까지 굉장한 위로를 얻고 힘을 받았습니다. 스야스야코 님 만화의 큰 팬이었던 저는 '스야스야코 님의 유머러스한 만화로 전국의 선생님들에게 웃음을 안겨드리고 싶다!'라는 강력한 마음으로 의뢰를 드렸습니다. 기분 좋게 수락해준 스야스야코 님에게 진심으로 감사드립니다. 그리고 이 자리에서 모든 분들의 성함을 말씀드리지 못해서 안타깝지만 이 책이 완성될 때까지 많은 분들이 마음을 써주시고 여러 가지 도와주셔서 정말 고마웠습니다. 이것도 '인연'과 '만남'으로 빚어낸 기적이라고 생각합니다. 이 자리를 빌려서 감사드립니다.

　솔직히 말하면 '화장실에서 우는 새내기 교사'는 저 자신의 모습이기도 했습니다.
　교사가 된 초기에 종종 화장실이나 탈의실로 뛰어 들어가서 혼자서 울곤 했습니다. 실컷 다 울고 나서 아무 일도 없었던 것 같은 얼굴로 자리로 돌아가서 일을 한 적도 있고, 제 모습을 보고 눈치를 챈 선배님이 "괜찮아요?" 하고 말을 걸어준 적도 있습니다. 때로는 선배님이 "제발 부탁이니까 혼자서 울지 마요. 도와주고 싶어도 도와줄 수 없잖아요"라며 따뜻하게 꾸짖어준 적도 있습니다.

확실히 전보다 훨씬 줄어들기는 했지만 저의 부족한 모습에 울고 싶어지는 일은 지금도 있습니다. 그러니까 저도 '화장실에서 우는 새내기 교사'와 다른 것이 하나도 없는 미숙한 사람인 것입니다. 사람은 누구나 다 다양한 면을 갖고 있습니다. 겉으로는 언제나 밝은 얼굴로 열심히 노력하는 사람도 혼자서 화장실에서 울고 있을 때가 있습니다. 긍정적인 날도 있지만 그렇지 않은 날도 있습니다. 마음속은 자기 자신밖에 모릅니다.

세상은 단 하나의 행동으로 달라집니다.
용기를 내서 마음의 문에 살짝 노크를 해보세요. 지금보다 조금만 더, 가까이에 있는 사람의 상태에 관심을 기울여 보거나 이야기를 들어주러 다가가 보세요. 그런 사람이 늘어난다면 틀림없이 무언가 좋은 방향으로 움직이기 시작하지 않을까 합니다.
단 한 사람만이라도 좋습니다.

이 책을 계기로 이 세상 어딘가에 있는 '화장실에서 우는 새내기 교사'가 긍정적으로 변화할 수 있다면 참으로 기쁘겠습니다.

그것은 저에게 '세상을 바꾸는 것'과 같은 의미와 희망을 주기 때문입니다.

2023년 5월 8일 마에카와 도모미

처음부터 잘하면 교장이게?

2025년 8월 1일 초판 1쇄 펴냄

펴낸곳 ㈜꿈소담이 / 뜰Book
펴낸이 이준하
글 마에카와 도모미
만화 스야스야코
옮김 안소현
편집·감수 김건구
책임편집·미술 오민규

주소 (우)02880 서울특별시 성북구 성북로5길 12 소담빌딩 302호
전화 02-747-8970
팩스 02-747-3238
등록번호 제6-473호(2002. 9. 3)
홈페이지 www.dreamsodam.co.kr
북카페 cafe.naver.com/sodambooks
전자우편 isodam@dreamsodam.co.kr

ISBN 979-11-91134-83-4 03810

SUKUE!! TOIRENO WAKATESAN:
WAKATE KYOSHI O SASAERU MIDDLE LEADER NO SESSHIKATA
written by Tomomi Maekawa, illustrated by Suyasuyako
Text copyright © Tomomi Maekawa, 2023
Illustrataion copyright © Suysuyako, 2023
All rights reserved.
First Published in Japan by Toyokan Publishing Co., Ltd., Tokyo
This Korean edition published by arrangement wiht Toyokan Publishing Co., Ltd., Tokyo
in care of Tuttle-Mori Agency, Inc., Tokyo, through BC Agency, Seoul.

- 이 책의 한국어 판 저작권은 BC에이전시를 통해 저작권자와 독점계약을 맺은 ㈜꿈소담이/뜰Book에 있습니다. 저작권법에 의해 한국 내에서 보호를 받는 저작물임으로 무단전재와 복제를 금합니다.
- 책 가격은 뒤표지에 있습니다.
- 잘못된 책은 구입하신 곳에서 교환해 드립니다.
- 뜰Book은 꿈소담이의 성인 브랜드입니다.
- 이 책에서 언급된 제도나 내용들은 일본 기준입니다. 국내와는 상황 및 제도가 다른 부분이 있을 수 있습니다.